Erika Mösken
Angela Weber-Hohlfeldt

Wir
vom
Jahrgang
1935

Kindheit und Jugend

Impressum

Bildnachweis:

Titel: Erika Mösgen: unten; Horst Witter: oben; Hannelore Künzel, Langenbrück: hinten
Horst Witter, Dresden: S. 4, 5, 9 o, 10 o, 11, 12, 19 u, 22 re, 25, 28 u, 31 u (2), 32, 33 u, 34 u, 37, 41 u, 45, 46 o, 51, 54 o,56. 59 o, 61 u, 63; Erika Mösgen, Magdeburg: S. 7-8, 9 u, 10 u, 14, 15 (2), 16 o, 18 (2), 19 o, 22 li, 23 (2), 26-27, 28 o, 29, 31 o, 34 o, 48, 50, 53, 54 u, 58, 59 u, 61 o; ullstein-Vodjani. S. 13 re; ullstein-Bonn Sequenz: S. 13 li; Hannelore Künzel, Langebrück: S. 16 u, 17 o; Ullstein-Röhrbein: S. 17 u; DENTAL-Kosmetik Gmb H & Co. KG, Dresden. S. 20; Archiv „Interessengemeinschaft „13. Februar 1945" e. V., Dresden: S. 36; Ullstein: S. 30, 42 o, 57; Ullstein-RIANO-VOSTI: S. 38; Ullstein-ADN-Bildarchiv. ullstein bild – Röhrbach: S. 40, 41 o; Stadtmuseum der FVG Riesa GmbH, Riesa: S. 42 u; Ullstein-dpa: S. 44; Arbeitsgemeinschaft „Deutsche Notmaßnahmen ab 1945" e. V., Wuppertal: S. 46 u; ullstein bild – Arthur Grimm: S. 49; Ullstein Perlia: S. 55

6. Auflage 2025
Alle Rechte vorbehalten, auch die des auszugsweisen
Nachdrucks und der fotomechanischen Wiedergabe.
Gestaltung und Satz: r2 | Ravenstein, Verden
Druck: Druck- und Verlagshaus Thiele & Schwarz GmbH, Kassel
Buchbinderische Verarbeitung: Buchbinderei S. R. Büge, Celle
© Wartberg-Verlag GmbH
34281 Gudensberg-Gleichen • Im Wiesental 1
Telefon: 056 03/9 30 50 • www.wartberg-verlag.de
ISBN: 978-3-8313-3135-2

Vorwort

Liebe 35er!

Unsere Kindheit und Jugend ging durch wechselvolle Zeiten. Die Bilder dazu tragen wir in uns. Sie hervorzuholen, fällt nicht immer leicht. Vieles von dem, was wir als Kinder sahen und erlebten, haben wir erst später verstanden. Manches macht uns, den Kriegskindern, noch heute zu schaffen. Auch ist nicht mehr jeder von uns im Besitz eines „Schuhkartons voller Erinnerungen". Denn die historisch reibungsvollen Jahre zwischen 1935 und 1953 durchlebten wir auf sehr unterschiedliche Weise. Nicht alle von uns haben sie überlebt.

Der Krieg mischte sich auf verschiedene Weise in unser Spiel. Und in der Nachkriegszeit servierte uns damals Zehnjährigen das Leben in der sowjetischen Besatzungszone gleichfalls, salopp gesagt, jede Menge Material für unsere Erfahrungsschatz-Sammlung. Eine Portion Glück gehörte immer dazu. So gesehen, lenkte das Jahr unserer Geburt unsere Geschicke vielleicht auch günstig knapp am Deutschen Jungvolk vorbei, und streifte nur die Anfänge der Pionierorganisation. Unser Jahrgang teilte sich, wie sich das Land teilte. Wir blieben im Osten, nicht selten unseres Zuhauses und unserer Freunde wegen. Wahrscheinlich hielten diese Freundschaften gerade wegen unserer „wechselvollen Zeiten" ein Leben lang. Möge Ihnen dieser Band Anregung sein, sich mit Freunden, mit Klassenkameraden, mit jüngeren Menschen oder in aller Stille auf Ihre Kindheit und Jugend zu besinnen und das große Mosaik zusammenzutragen, welches die bewegende Geschichte unseres 1935er Jahrgangs ist.

Erika Mösken

Angela Weber-Hohlfeldt

Zwischen den Kriegen

Papa freut sich über seinen Wonneproppen.

In anderen Umständen und guter Hoffnung

Unübersehbar waren wir in Mamas Bauch heran-gewachsen. Wenn sie keine Hausfrau war, arbeitete sie acht Monate und hatte die letzten vier Wochen vor der Geburt frei. Fehlende Stoffwindeln und Kleidungsstücke wurden für uns besorgt, und ein letztes Mal wurden wir mit dem Stethoskop belauscht. Mehr Medizin war nicht – es konnte losgehen. Bei hohem Risiko machten sich unsere Mütter auf den Weg in eine Diakonissenanstalt, manche in ein Klinikum. Ansonsten warteten sie zu Hause auf ihre gestandene Hebamme.

Chronik

1. März 1935
Das Saargebiet wird mit dem Deutschen Reich vereint.

16. März 1935
Mit der Einführung der allgemeinen Wehrpflicht beschließt Deutschland die Wiederbewaffnung.

19. Mai 1935
Hitler eröffnet das erste Teilstück der Autobahn Frankfurt/Main – Heidelberg.

15. September 1935
Die Nürnberger Gesetze schaffen offiziell die Grundlage zur Entrechtung derer, die „kein deutsches oder artverwandtes Blut" haben.

13. Oktober 1935
Am ersten Eintopfsonntag soll zugunsten des Winterhilfswerks auf eine üppige Mahlzeit verzichtet und stattdessen gespendet werden.

18. Juli 1936
Das Militär putscht unter General Franco – in Spanien bricht der Bürgerkrieg aus. Freiwillige aus aller Welt formieren sich zu Internationalen Brigaden, um der Republik beizustehen.

1. – 16. August 1936
Auf dem Reichssportfeld in Berlin finden die XI. Olympischen Sommerspiele statt.

19. August 1936
In Moskau beginnt der erste von drei Schauprozessen gegen „sowjetfeindliche" Parteimitglieder der KPdSU.

26. April 1937
Die deutsche Flugzeugstaffel Legion Condor zerstört die baskische Stadt Guernica y Luno.

28. Mai 1937
Die Golden-Gate-Bridge, damals mit 2,7 km die längste Brücke der Welt, wird in San Francisco eingeweiht.

19. Juli 1937
In München wird die Ausstellung „Entartete Kunst" eröffnet. Sie zeigt beschlagnahmte Werke diffamierter Maler und Bildhauer, die nicht dem Kunstverständnis der Nazis entsprachen.

Wir entdecken die Welt.

Heißes Wasser wurde bereitgestellt, Gummilaken auf dem Bett verteilt. Nur wenn „Not am Mann" war, wurde ein Arzt gerufen. Kinderkriegen war Frauensache. Nicht nur unsere Mütter freuten sich über unsere Ankunft. Mehr noch, das offizielle nationalsozialistische Deutschland hatte Interesse an Nachwuchs in großem Maßstab. Wenn es nach ihm gegangen wäre, hätten wir am besten gleich „braun" geboren werden sollen. Wir aber liefen höchstens blau an, wenn sich die Nabelschnur dummerweise um unseren Hals gewickelt hatte. Sie wurde durchtrennt und Mutter schloss uns in die Arme. Bald füllten erste Gratulanten die Wohnung, allen voran die stolzen Großeltern und wir posierten im Steckkissen.

1. bis 3. Lebensjahr

Wirtschaftswachstum und Führermythos

Für die Mehrheit der Bevölkerung in Deutschland schien es nach der Machtergreifung wieder aufwärts zu gehen. Das Reichsarbeitsministerium packte in Zahlen, was viele Menschen auch ohne Statistik spürten: Sechs Millionen Beschäftigungslose hatte es 1932 gegeben. Bis 1937 war diese Menge auf eine Million geschrumpft. Hitler hatte es geschafft, ein ökonomisch am Boden liegendes Deutschland aus der Krise zu führen. Im Aufschwung der Konjunktur konnte er sein Versprechen einlösen, Brot und Arbeit zu bringen, und der Großteil der Deutschen fühlte sich zu Dank verpflichtet. Für Arbeit trat man auch in die Partei ein, wenn es denn sein musste. Was aufatmend nicht gesehen oder nicht eingerechnet wurde, war das zunehmende Unrecht gegenüber Bevölkerungsgruppen wie Juden, Kommunisten, Mitgliedern der Kirchen. Stattdessen ertrug und trug die Mehrheit eine sich allmählich steigernde Propaganda für den „Retter der Nation" mit sozialer Ader bis hin zum Kult.

Ab 1934 wurden alle Beamten auf Treue und Gehorsam gegenüber dem „Führer des deutschen Reiches und Volkes" eingeschworen. Ab Mitte 1936 bekamen alle Brautpaare „Mein Kampf" zur Hochzeit überreicht. Von außen stellte sich die Situation als eine Art „Massenpsychose" dar. Aber mittendrin in Deutschland drangen die Gründe für den Aufschwung kaum durch das neue Es-geht-voran-Gefühl: Hitler rüstete auf für einen Krieg. In seiner Neujahrsansprache 1935 beteuerte er zwar den deutschen Friedenswillen, führte jedoch im selben Jahr die Wehrpflicht wieder ein und ernannte den bisherigen Reichswirtschaftsminister zum Generalbevollmächtigten für Kriegswirtschaft. Der ein Jahr später verkündete Vierjahresplan setzte Deutschland als ökonomisch unabhängiges Land zum Ziel. Inoffiziell machte die Idee der „Erweiterung des Lebensraumes bzw. der Rohstoff- und Ernährungsbasis" die Runde. Die spürbar besseren Zeiten sollten bald wieder härter werden.

Auf allen vieren die Welt entdecken

Damit Mama und Papa eine Wohnung anmieten konnten, mussten sie verheiratet sein. Um heiraten zu können, hatten sie einen lückenlosen arischen Nachweis zu erbringen. Wer den nicht vorzeigen konnte, war auf Hilfe angewiesen. Dank eines waghalsigen Standesbeamten wurde die Herkunft der Großmutter passabel geschönt. Hatten unsere Eltern die Hürden fürs neue Zuhause genommen, übten wir uns dort im Barriere-Bezwingen auf eigener Nasenhöhe. Über die Schwelle der Wohnzimmertür krabbelten wir zur geschäftigen Küche. Später schoben wir uns, auf dem Töpfchen sitzend, über blank gebohnerte

Ein Körbchen für uns allein.

Dielen beharrlich vorwärts. Aber abgesehen von Ausflügen auf allen vieren nahmen wir wenig Platz ein, bewohnten das Körbchen des Stubenwagens, das Laufgitter oder ein Paidi-Bett. Stück für Stück eroberten wir eine behütete Welt, während von draußen die Nürnberger Gesetze in den scheinbar friedlichen Alltag hereinbrachen und es einigen von uns unmöglich machten, normal zu leben. Vielleicht erhellten ja unsere ersten erfolgreichen Stehversuche manch dunkle Stimmung der Eltern. Wir forderten ihre Aufmerksamkeit: Hunger, volle Windeln, erste Zähne … Zum Füttern band Mama uns ein Lätzchen um und steckte uns in eine Art Kinderthron. Der ließ sich nach dem Essen kopfüber in

Die Beinchen wollen
noch nicht so wie wir.

7

1. bis 3. Lebensjahr

Voll neuer Eindrücke auf dem Boden eingeschlafen.

ein Spielterrain umbauen. Später konnten wir schon mit dem Schieberle essen. Auf dem Küchentisch wurden wir auch gebadet. Inmitten einer emaillierten Schüssel ruderten wir mit den Ärmchen im angeheizten Wasser. Die großen Geschwister mussten im Topf erhitztes Wasser heranschleppen für uns, fürs eigene Bad sowieso, oder bis zum Wochenende warten auf die gefüllte Zinkwanne im Waschhaus. So gesehen ging es uns mit all dem Komfort richtig gut.

Wir sind beschäftigt mit Entdeckungen. Mama „lenkt ab" mit Essen.

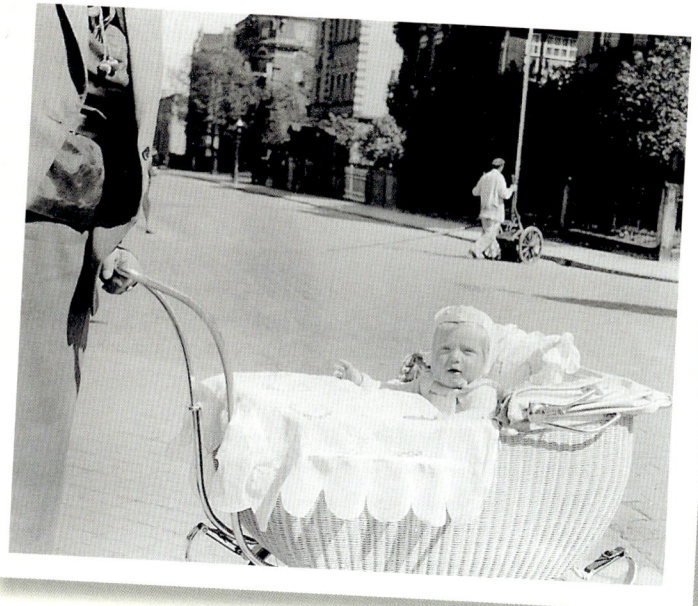

Wir werden mobil

Bewegung begann eine große Rolle in unserem Leben zu spielen. Die Eltern hatten unsere Beinchen mit Fahrradfahren in der Luft trainiert und nun liefen wir ihnen schon recht anständig davon. Trotzdem genossen wir es, auf vier Rädern herumgeschoben zu werden: ob im Kinderwagen oder Handkarren oder gar in dem rollenden Bettchen, in dem schon unsere größeren Geschwister gelegen hatten – wir waren flexibel – und fuhren wippend und jauchzend unterm Korbverdeck durch die wechselnde Landschaft. Wir registrierten genau, wenn Mama aus dem kleinen Körbchen mit der Klappe am Fußende unter dem geschwungenen Lenker einen Zwieback für uns hervorraschelte. Der spätere Sportwagen war tiefergelegt und eröffnete eine viel bessere Aussicht. Außerdem konnten wir so unsere Wünsche betreffs Ein- und Aussteigen energischer umsetzen.

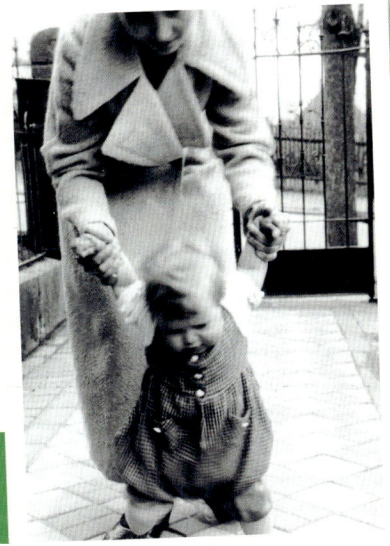

So geht's: Fortbewegung mit Händen und Füßen.

1. bis 3. Lebensjahr

Technik fürs Volk

Zwar wurden damals die wenigsten Kühlschränke mit Strom, sondern nach wie vor mit gefrorenen Eisblöcken gespeist – daher nannten wir sie auch Eis-schränke – und das Plätteisen erhitzte man über einer Gasflamme. Aber unsere Mütter brummten schon mit monströsen elektrischen Staubsaugern durch die Wohnung. Vielerorts durchbrachen die Stimmen von Hans Albers, Heinz Rühmann und Zarah Leander die Wohnstubenstille. Und auch das Fotografieren sollte erschwinglich werden. Bis 1938 stellte Agfa die so-genannte Preis-Box her. Mit etwas Glück konnte so ein Fotoapparat für nur vier Reichsmark gekauft werden. Dafür hatte man allerdings genau diese vier Geldstücke mit den Prägebuchstaben A, G, F und A – Agfa – auf den Laden-tisch zu legen. Wenn das nicht gelang, blieb immer noch der Besuch beim

Fotografen. Dort posierten wir, fein gemacht, zur bleibenden Erinnerung – nicht wackeln und Mund zu, wegen der Zahnlücken – später mit prägnant gezogenem Scheitel. Zwar würden die Pferdefuhrwerke noch lange nicht von Dixi oder Opel Olympia abgelöst werden. Aber der technische „Fortschritt" drängte trotzdem auf die Straße. 1937 wurde die Gesellschaft zur Vorbereitung des deutschen Volkswagens gegründet und das Sparen auf eine Limousine aus Wolfsburg konnte beginnen. Fleißig zahlte so mancher fünf Reichsmark pro Woche ein und klebte die Marken dafür in seine Sparkarte. Allerdings warteten die Interessenten auf ihren KdF – Kraft durch Freude – Wagen vergeblich. Der Krieg sollte alle Guthaben dieser Art vom Tisch wischen. Wie auch den Glauben an eine Technik zum Wohl des Volkes.

Tolle Welle –
der Hahnenkamm.

Mit Hütchen und Hahnenkamm

In Sachen Mode trugen die weiblichen Familienmitglieder mit handwerklichem Eifer dazu bei, dass wir eingehäkelt und bestrickend schick aus der Wäsche guckten. Auf dem Kopf trugen wir immer etwas: im Winter eine Wollmütze, in der Hitze ein Sonnenhütchen – wie Mama, die sich auch mit Hut zeigte.

Drinnen, wenn nur wir sie sahen, verdeckte eine Schürze ihr Kleid. Auch der weiße abnehmbare Kragen wurde im Privaten schonend beiseitegelegt. Hosen waren Papa vorbehalten. Er ging in Anzug mit Krawatte und bevorzugte Knickerbocker. Kreisrunde Gläser hatte seine Brille. Während Mama mit einer Wasserwelle gelocktes Haar antäuschte, ließ Papa sein Deckhaar stehen, dazu im Nacken und seitlich in Fasson schneiden. Unsere länger wachsende Pracht

Modisch mit
Kappe und Karo.

wurde vor allem bei den Mädchen auf Kopfmitte mithilfe einer Zahnbürste zu einer tollen Rolle frisiert. Lange gehalten hat der Hahnenkamm selten. Gleich welchen Geschlechts ärgerten wir uns alle mit den Leibchen herum. Von deren Strumpfhaltern lösten sich die wollenen, kratzenden Beinkleider in einem fort und rutschten herunter. Was freuten wir uns auf warme Tage! Wer hatte, führte stolz seine Lackschuhe oder seinen Sepplanzug aus. In diesen echten Lederhosen zeigten sich die Jungs gern, und irgendwie wuchsen die mit.

Entrechtung und Exil

Bereits seit März 1933 waren erste Konzentrationslager errichtet und zum angeblichen Schutz der „nationalen Bevölkerung" politische Gegner inhaftiert worden. Mittlerweile hatte auch der Terror gegen Menschen zugenommen, die durch Hitlers Raster seiner Rassentheorie fielen, wie Juden, Homosexuelle, Sinti und Roma. Die offizielle Diskriminierung erreichte 1935 einen weiteren Höhepunkt mit der Verkündung der Nürnberger Gesetze. Das „Reichsbürgergesetz" und das „Gesetz zum Schutze des deutschen Blutes und der deutschen Ehre" stellten nun auch die verfassungsrechtliche Grundlage für alle kommenden Boykotte, Deportationen und Pogrome dar. Heimtückegesetz, Sondergerichte, die Willkür von SS und Gestapo – wer die Vorgänge im Reich kritisierte, musste mit dem Schlimmsten rechnen. Auf diese Art wurde zwei Jahre nach Hitlers Machtergreifung eine weitere große Fluchtwelle ausgelöst. Viele namhafte Wissenschaftler und Künstler wählten seit 1933 statt „innerem Exil" die Emigration. Deutschland war dabei, sich um seinen vielgestaltigen gesellschaftlichen Reichtum zu bringen.

Prominente der 1935er

8. Jan.   **Elvis Presley,**
           US-amerikanischer Sänger
31. Jan.   **Kenzaburo Oe,**
           *japanischer Literatur-
           Nobelpreisträger*
28. Feb.   **Klaus Piontek,** *deutscher
           Theater- und (DEFA-)
           Filmdarsteller*
29. März   **Renate Holland-Moritz,**
           *deutsche Journalistin,
           Eulenspiegel-Autorin*
16. April **Sarah Kirsch,**
           deutsche Lyrikerin
1. Juni   **Norman Foster,**
           *britischer Architekt
           (Neugestaltung des Reichstags)*
21. Juni   **François Sagan,**
           französische Schriftstellerin
6. Juli   **Vierzehnter Dalai-Lama,**
           der Mönch Teuzin Gyatso

Dalai-Lama

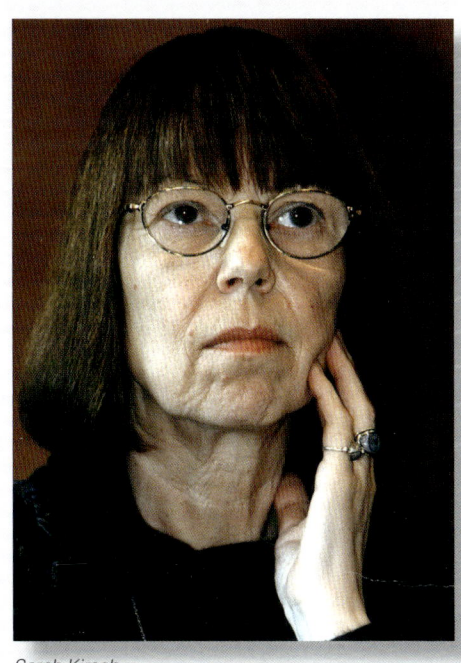

Sarah Kirsch

29. Juli   **Peter Schreier,**
           deutscher Tenor
12. Aug.   **Harry Kupfer,**
           *deutscher Opernregisseur,
           langjähriger Leiter der
           Komischen Oper Berlin*
5. Sep.   **Didi Hallervorden,**
           deutscher Komiker, Kabarettist
18. Sep.   **Dimitri,**
           Schweizer Clown
12. Okt.   **Luciano Pavarotti,**
           italienischer Tenor
18. Nov.   **Rudolf Bahro,**
           *deutscher Philosoph,
           Sozialökologe*
1. Dez.   **Woody Allen,**
           *US-amerikanischer Regisseur,
           Schauspieler*
11. Dez.   **Ferdinand Alexander Porsche,**
           *deutscher Designer
           (Porsche 911)*

1. bis 3. Lebensjahr

Reime, Roller Ringelreihen

Ehne Mehne Muh – und raus bist du

Unsere Tage vergingen spielend. Auf dem Land streunten wir vom Hof aus durchs nahe Wäldchen. Auch als Stadtkinder waren wir fast immer an der Luft. Undenkbar heute – die Straße gehörte uns. Mit den Nachbarskindern spielten wir Verstecken und Haschen, lernten Abzählreime, kreiselten und tauschten dann die Holzkegel. Die Mädchen hüteten Puppen auf ausgebreiteten Decken – keinesfalls auf dem Bleichrasen. Die mit den echten Haaren von Käthe Kruse, die der älteren Schwester gehörte, hatten wir am liebsten. Aber einiges konnte nun, vor allem nach Kriegsbeginn, nicht mehr von uns ferngehalten werden – in manchen Momenten drang Trauriges zu uns vor. Der Blick des Mädchens zum Beispiel, welches sehnsüchtig auf unseren Tretroller guckte. Denn wer einen

Chronik

13. März 1938
Der „Anschluss" Österreichs wird einen Tag nach Einmarsch der deutschen Truppen gesetzlich verankert.

1. Oktober 1938
Nach der Unterzeichnung des Münchner Abkommens, das die Abtretung des Sudetenlandes an Deutschland regelt, rückt die Wehrmacht in diese Gebiete ein.

9. November 1938
Pogrom gegen die Juden in der „Reichskristallnacht".

22. Dezember 1938
Ein Bericht Otto Hahns informiert erstmals öffentlich über eine erfolgreiche Atomspaltung.

1. März 1939
Beamter kann ab jetzt nur noch werden, wer NSDAP-Mitglied ist.

23. August 1939
Molotow und von Ribbentrop unterzeichnen in Moskau den deutsch-sowjetischen Nichtangriffspakt (Hitler-Stalin-Pakt).

1. September 1939
Deutschland greift Polen an, der Zweite Weltkrieg beginnt.

15. März 1940
Das „Glockensterben" fängt an: Göring läutet das Erfassen von Nichteisenmetallen im Deutschen Reich ein.

10. Mai 1940
Nachdem die deutschen Truppen im April Dänemark und Norwegen besetzten, marschieren sie nun in Belgien, Luxemburg und den Niederlanden ein (Westoffensive).

13. August 1940
Die deutsche Luftwaffe beginnt die Schlacht um England.

27. September 1940
Deutschland, Italien und Japan schließen den Dreimächtepakt.

14. November 1940
Bei einem deutschen Luftangriff wird die englische Stadt Coventry fast vollständig zerstört.

Buden bauen aus alten Decken.

besaß, war der Größte und – darauf war zu hoffen – auch großzügig und ließ die anderen eine Runde drehen. Doch da sagte ein Erwachsener, dass wir dieses Mädel nicht fahren lassen dürften. Verstanden haben wir das nicht, aber der Abzählreim unserer Spiele rutschte plötzlich mitten ins Leben.

Mit dem Handkarren „arbeiten" spielen.

4. bis 6. Lebensjahr

Fantasie angekurbelt

Kirmes gab es und Kasperletheaterbesuche, aber für gute Unterhaltung wurde vor allem in der Familie selbst gesorgt. Unsere Eltern erzählten Geschichten oder lasen aus unseren Lieblingsbüchern, dem Zuckertütenbaum oder Peterchens Mondfahrt vor. Wenn sie einmal genug hatten vom Singen, konnten sie immer noch das Radio einschalten. Wir versanken vor dem Lautsprecher in eins der vielen Märchenhörspiele, die neben Nachrichten und Musik gesendet wurden. Verlockend klang auch Großvaters Grammofon.

Fantasievoll spielen in einem Privatkindergarten.

Wie um einen Besuchermagneten versammelten wir uns am Abend um den Trichter und lauschten den Tönen, die eine winzige Nadel aus dem Schellack zauberte. Opa war wenig begeistert, als er uns später am laufenden Plattenteller ohne Platte fand, wie wir fasziniert die Technik untersuchten.

Das Kaspertheater zieht uns in seinen Bann.

„Ganz Deutschland hört den Führer"

Wie ließ sich ein Volk so effizient und eindringlich wie möglich erreichen? Per Rundfunk in jedem Haushalt natürlich. Dafür musste bezahlbare Technik her. Ein neuer Radioempfänger kostete bislang mehrere Hundert Reichsmark. Also wurde der Öffentlichkeit 1933 der wesentlich günstigere Volksempfänger 301 präsentiert. Die Entwicklung des Gerätes war bezeichnenderweise vom Propagandaministerium in Auftrag gegeben worden. Auch dass im Namen das Datum von Hitlers Machtantritt, der 30. Januar widerhallte, verhieß nichts Gutes. Es kündete vielmehr von der einseitigen, verzerrten Berichterstattung, die auf die deutsche Bevölkerung zukommen sollte. Goebbelsschnauze tauften die Hörer das noch günstigere Modell, welches 1938 auf den Markt kam.

Radiokultur eindimensional – der Volksempfänger.

Mit nur noch 35 Reichsmark war es nun für fast jedermann erschwinglich. Ein Jahr später, mit Kriegsbeginn, wurde das Hören der Frequenzen, die von staatlicher Beschallung abwichen, verboten und konnte tödliche Folgen haben. Dennoch wurde vor allem gegen Kriegsende der Reglerknopf unter der Decke oder im Schrank bis London weitergedreht und heimlich „Feindsender" gehört, um später zwischen Lili Marleen und immer zweifelhafter werdenden Frontmeldungen realistische Lageberichte einzufangen. So erfuhren viele, wie schlimm es tatsächlich um das „siegreiche" Deutschland stand.

4. bis 6. Lebensjahr

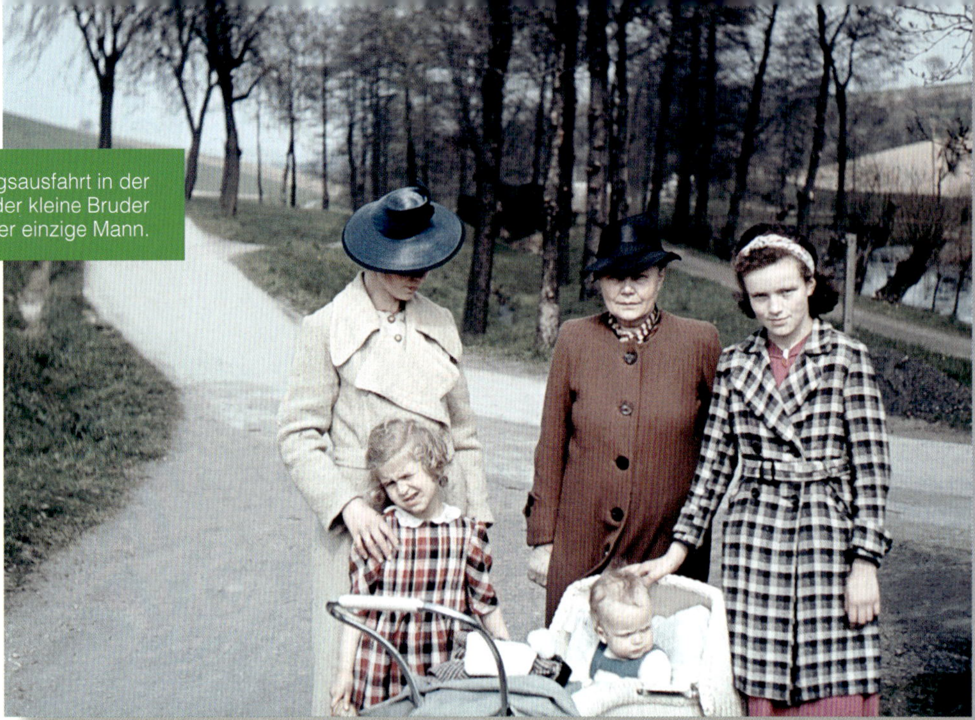

Sonntagsausfahrt in der Familie, der kleine Bruder ist oft der einzige Mann.

Mit Stock und Hut

Sonntags zogen wir bei gutem Wetter hinaus ins Grüne. Es wurde gewandert. An guten Plätzen hielten wir, Decken wurden ausgebreitet, Hängematten zwischen die Bäume gespannt. Zeit zum Blumenpflücken, Kränzeflechten, Damm-Bauen in einem Bach. Am See zeigte uns Großmutter, wie man aus Schilf Körbe flechten kann. Führte uns eine Tour weiter hinaus, musste der Wanderstock mit. Am Ziel wurde dann zur Erinnerung ein Stocknagel gekauft. Zurück fuhren wir meist mit dem Zug oder der Straßenbahn. Getrennt nach Klassen reiste eine Menge Leute auf den Holzbänken. Am Bahnhof warteten Menschen hinter den Sperren. Nur diejenigen mit Bahnsteigkarte durften bis zum Zug, um jemanden abzuholen. War man stolzer Enkel eines Großvaters mit Auto, gab's auch mal Ausflüge im Opel T4 durch die Alleen. Wir

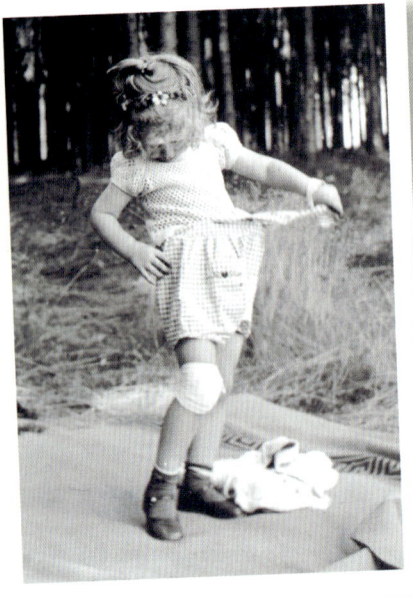

Ungestört während der Rast am Waldrand.

warteten darauf, dass der Opa die silberne Dose mit den kleinen bunten Säuerlingen öffnete und uns einen anbot. Das Auto kriegte gleichfalls Pillen, zur Tankoptimierung. Bis es mit der Mobilmachung verschwand. Auch blieben wir immer öfter daheim oder fuhren weniger weit. Die Angst vor drohenden Bombenangriffen stieg. Also freuten wir uns auf kleine Spaziergänge in Sonntagsmontur, immer häufiger gingen wir Kinder nur noch mit Mutter und Großeltern spazieren – ohne unsere Väter.

Nächste Stufe zur Reinlichkeit erklommen: Händewaschen können wir – für saubere Wäsche sorgt Mama.

Wertvolle Wäsche

Haushalt war Knochenarbeit. Um die Dielen blank zu bekommen oder die Linnen wieder sauber, setzten unsere Mütter Muskelkraft ein. Eine Waschmaschine besaßen sie nicht, dafür gab's ein Waschhaus für alle im Keller.

4. bis 6. Lebensjahr

Mit den Sammelbildern der Chlorodont-Zahnpasta wird das Zähneputzen für uns ein bisschen attraktiver.

In regelmäßigen Abständen wurde eingeheizt, dann im Kessel die Wäsche in Laugenwasser gerührt, mit der Wurzelbürste geschrubbt und gewrungen. Rote Hände, schwere Arme, nasse Haut und viel Zeit kostete frisch gewaschene Kleidung – klar, dass wir sie nicht täglich wechselten. Erst mal wurde ausgebürstet. Nur die kleine Wäsche wurde auf dem Herd im Wäschetopf gekocht, auf dem Waschbrett gewalkt und dann, wie die große, auf den Hof getragen zum Trocknen.

Wir Kinder mussten sie beim Bleichen auf dem Rasen begießen oder, wenn sich in den Wolken was zusammenbraute, schnell einsammeln. Nicht nur der aufwendigen Reinigungsprozedur wegen waren unsere Sachen wertvoll. Kurz nach Kriegsbeginn erhielten unsere Eltern sie nur noch rationiert auf Bezugsschein bzw. Reichskleiderkarte nach Punktsystem. Außerdem sollten Socken und Mäntel gespendet werden für die Soldaten. Ein ökonomischer Umgang mit abgetragenen Stücken setzte ein. Aus Alt wurde Neu gemacht, aufgetrennt und umgenäht. Feine Strümpfe brachten wir weg zum Maschenaufnehmen. Auch Papas Oberhemden durchliefen eine externe „Erneuerung": Kragen wurden gewendet oder anderer Stoff für die Manschetten eingesetzt. Dafür nahm man ein Stück aus dem Hinterteil von unten, wo man es nicht sah.

„Freizeit, frohe Zeit" endet – Kriegsbeginn

Kraft durch Freude (KdF) hatte Urlaubsfahrten für die „Volksgemeinschaft" erschwinglicher gemacht. Über 40 Millionen Tages-, Kurz- und Fernreisen waren bis 1939 im Rahmen der Deutschen Arbeitsfront-Institution verkauft worden. Der Kriegsbeginn setzte dem nationalsozialistisch organisierten Tourismus ein Ende. Man näherte sich der Welt nun auf andere Art. Die Wilhelm Gustloff, das damals größte und modernste KdF-Schiff, schipperte exemplarisch durch die Fahrrinne der Geschichte und verdeutlicht rückblickend die Veränderungen, die sich in Deutschland vollzogen: Stapellauf 1937 – Untergang 1945. Im Detail: Nach ihrer Jungfernfahrt 1938 kreuzte die Gustloff noch 44-mal durch norwegische Gewässer und ans Mittelmeer, um im Folgejahr als Lazarettschiff der Marine übergeben zu werden. Sie stand nun ganz im Dienst des Krieges. In der Danziger Bucht dauerhaft vor Anker wurde sie neue Bleibe für deutsche U-Boot-Matrosen in Ausbildung. Bis sie kurz vor Kriegsende, mit Besatzung und Tausenden aus dem Osten Flüchtenden an Bord, von sowjetischen Torpedos getroffen wurde und sank. Von den vermuteten 10 000 Passagieren überlebten nach Zeitzeugenangaben 1239 Menschen. Der prächtige, riesige Dampfer wurde zum Grab in der Ostsee.

Heiliger Abend, härtere Zeiten

Weihnachten lag immer Schnee. Nach der Kirche wieder zu Hause führte Vater uns, Augen geschlossen, in die Stube. Wir durften den Baum noch nicht ansehen. Doch er sandte seine Festlichkeit hinter unserem Rücken aus und duftete, während wir der Weihnachtsgeschichte zuhörten. Und die dauerte. Dann sangen wir uns tapfer durch „Alle Jahre wieder" und „Vom Himmel hoch, da komm ich her". Gut, jetzt – länger sollten wir nicht warten müssen: was für

Bis zum Krieg gab es für viele
von uns noch tolle Geschenke.

ein prächtiger Lichterbaum! Von Jahr zu Jahr schwand die Zahl der Gaben
darunter. Noch freuten wir uns über Malbuch, Buntstifte, ein Paar Holz-Ski.
Später wartete nur noch unsere vertraute Puppe unterm Zweig und trug ein
neues Kleid. Nicht vom Christkind, sondern von der Flickentante. Wir sahen,
wie unsere Eltern hofften, dass wir eventuelle Enttäuschungen verschmerzen
würden. Also nickten wir verständnisvoll. Sie sollten sich doch Weihnachten
keine Sorgen machen. Vieles verschwand, vor allem, wenn es aus Metall war
und wenn es rollte, auch Opas dienstverpflichtetes Auto.

Wir staunten nicht schlecht, als die Glocke vom Turm aus der Kirche getragen wurde. Für tauglich befundene Ackerpferde verließen ihren Stall. Mutter
rief uns manches Mal mit einem „Wenn du jetzt nicht folgst, holt dein Bett die
Winterhilfe!" zur Räson. Die lief mit Sammelbüchsen durch die Straßen, organi-
sierte Eintopfsonntage, trieb nicht nur für arme Volksgenossen, sondern auch
für die Landser Wintermäntel und Spenden ein. Auch wir sammelten, nämlich

Noch kehren Soldaten aufrecht vom Feldzug zurück.

die Winterhilfswerk-Abzeichen mit den Köpfen der Kaspertheater-Figuren an einem langen Band und machten damit Tauschgeschäfte. Ahnten wir, welcher Druck auf denen lag, die kein öffentliches Bekenntnis wie heraushängende Fahnen oder Anstecknadeln vorwiesen? Vielen von uns wurde eingetrichtert: „Wenn dich jemand fragt, sagst du einfach, du weißt nichts."

Noch nicht eingezogen: Großvaters Auto.

Zwischen Schulbank und Luftschutzkeller

Fibel, Feder und Rohrstock

Unsere Schuleinführung fiel ins zweite Kriegsjahr. Von entsprechend geringer Süße war die Zuckertüte, wenn es überhaupt eine gab. Immerhin schob der Postbote Gratulationskarten durch den Briefschlitz in der Tür. Die Volksschulen veranstalteten hier und da noch eine kleine Feier in der Turnhalle. Der Klassenlehrer zeigte unser Klassenzimmer, mit schwarzen Tafeln an der Seitenwand und vorn aufragend auf einem Ständer. Gleich daneben erhob sich das Autorität ausstrahlende Podest mit Pult. Mancherorts standen die Klassenräume bis in den November hinein leer – Paratyphus und spinale Kinderlähmung gingen um. Notgedrungen blieben wir zu Hause und spielten mit den Eltern ein bisschen Schule. Aus der Zeitung hatten sie von der Einführung der neuen Schrift erfahren und uns die ersten lateinischen Buchstaben beigebracht. Alle anderen,

Chronik

19. April 1941
Brechts „Mutter Courage und ihre Kinder"
wird in Zürich uraufgeführt.

22. Juni 1941
Deutschland greift ohne Kriegserklärung
die UdSSR an.

19. September 1941
Alle Juden ab dem sechsten Lebensjahr
müssen den gelben Stern tragen.

7. Dezember 1941
Japan greift die amerikanische Flotte in
Pearl Harbor an. Die USA reagieren mit
Kriegserklärung.

20. Januar 1942
Auf der Wannseekonferenz wird mit der
„Endlösung" die europaweite Juden-
vernichtung beschlossen.

10. Juni 1942
Als „Vergeltung" für den Tod Heydrichs
löschen Nationalsozialisten das tschechi-
sche Dorf Lidice aus.

3. November 1942
Die Truppen des Afrikacorps scheitern bei
El-Alamein. Entgegen Hitlers Befehl wählt
General Rommel den Rückzug.

14. Januar 1943
Erich Kästner erhält Schreibverbot.

31. Januar 1943
Kapitulation der deutschen Armee in
Stalingrad.

18. Februar 1943
Mit Goebbels' Aufruf zum „Totalen Krieg"
sollen allerletzte Reserven mobilisiert
werden.

22. Februar 1943
Die Geschwister Scholl und Hans Probst,
Mitglieder der Widerstandsgruppe
„Weiße Rose", werden hingerichtet.

6. Juni 1944
Die Invasion der Alliierten beginnt in
der Normandie.

20. Juli 1944
Ein Attentat auf Hitler durch Oberst
von Stauffenberg schlägt fehl.

Was wird uns wohl erwarten?

ohne Quarantäne, lernten Sütterlin und
die Neue sozusagen im fliegenden
Wechsel. Eine Neuauflage der Fibel
stand 1941 an. Womöglich würden wir
kein Exemplar abbekommen? Tatsächlich mussten manche nach Schulbe-
ginn noch lang auf das ersehnte Lese-
buch warten. Als es endlich erschien,
war es gleich wieder vergriffen.

Schon nach einigen Wochen konnten
wir selbstsicher mit dem Griffel auf
unsere Schiefertafel kratzen. Als es
später wie geschmiert ging, kamen
Hefte, Bleistift und Federn dazu.
Manche hatten gleich den richtigen
Dreh raus, mit dem das ins Tintenfass
getauchte Metall schrieb, ohne sich auf
dem Blatt zu spalten und Kleckse zu
hinterlassen. Froh waren wir, wenn das

7. bis 10. Lebensjahr

Gestrenger Lehrer alter Schule und seine artige Klasse.

Scheppern der Schulklingel „Pause!" signalisierte und wir im Hof herumrennen und aus dem Einsatz unserer Brottasche die Verpflegung von zu Hause essen konnten. In den kommenden Schuljahren sollten sich Pausen-Handel mehren wie auch die großen Augen, wenn jemand ein dickes Brot auspackte, vielleicht sogar mit Wurst drauf. Aber noch lernten wir recht unbekümmert, bei nur einem einzigen Lehrer, der uns in allen Fächern unterrichtete, Mädchen und Jungs getrennt voneinander. Er gab, was er konnte, auch Hiebe mit dem Rohrstock. Rückten wir gar mit allen Bankreihen im Klassenzimmer umher, um ihn zu ärgern – die robusten Pulte und Sitze waren miteinander verschraubt – ließ man sich besser nicht als Anstifter erwischen. Das berüchtigte Lineal mit Bleieinlage fürchteten wir alle. Es konnte jedoch auch glimpflich abgehen. Wir lernten in einer beginnenden Übergangszeit, in die sich zaghaft neue pädagogische Ansätze wagten. Ganz unerwartet folgte auf einen Streich möglicherweise keine Strafe, sondern „nur" ein Appell an unser Gewissen.

Volksschulzeugnis, dritte Klasse. Unterschrieben vom „Stellvertreter des Vaters" – unserer Mutter.

Bohnerwachs und Murmelsack

Nach und nach wurden wir ins Erwachsenen-
leben geholt. Wir sollten das Brüderchen
baden, Teppiche über der Stange ausklopfen,
den Boden abspülen, mit dem schweren
Bohnerbesen das Parkett wienern. Trotzdem
blieb noch viel Zeit für Stelzenhascher, Verstecken und Himmel-und-Hölle-Hüpfen. In
kinderreichen Familien packte ein Pflichtjahr-
mädel im Haushalt mit an. Manchmal gelang
es uns, kleine Aufträge und Vergnügen zu
verbinden. Ein Botengang ließ sich mit
„Rädeln" prima erledigen: In die Nabe eines
alten Kinderwagenrades steckten wir ein Holz.
Der rollenden Konstruktion musste man mit einem

Wir helfen Mama, den Kleinen zu baden.

Stock in der Hand schnell hinterherrennen, um ihr immer wieder Schwung zu
geben. Dennoch sickerte die Realität in unsere Stuben – so mancher Junge stellte
ein Elastolin- oder Lineol-Heer auf mit Soldaten aller Couleur, sogar mit Verwundeten. Selbst gebaute Gewehre aus alten Holzlatten waren keine Seltenheit.

Am Hang können wir es mit den Großen aufnehmen.

27

Zeit zum Vor-sich-hinträumen bleibt auch noch.

Im Winter holte Mutter für uns den Schlitten aus dem Keller oder die Schlitter, unsere kurzen Ski. Wenn der Frühling kam, suchten wir nach geeigneten Dellen und Ziellöchern fürs Murmelspiel. Es wurde rege getauscht. Der Murmelsack hing manchmal schlapp und dünn, manchmal prall gefüllt. Wir verloren welche und wir gewannen auch wieder – wohl wie im richtigen Leben.

Mit dem besten Freund: Was wir erleben, schweißt uns zusammen.

Diphtherie und Ringelröteln

Wenn wir wirklich krank wurden, mussten wir mit der weiß emaillierten Brech-
schale im Bett bleiben. Manche Klassenkameraden fehlten immer häufiger.
Weniger Nahrung schwächte die einmal angeschlagene Gesundheit. Mit Mutti
gingen wir zur öffentlichen Diphtherie-Impfung und überstanden diesen Piks,
wie wir auch die Ritzung gegen Pocken überlebten. Tapfer guckten wir zu, wie
ein Messer, das erst in eine Flamme gehalten wurde, uns dann zwei kleine
senkrechte Striche in den Arm trieb. Hinterher liefen wir stolz mit einem aufge-
nähten roten Stoffkreuz am Ärmel herum und warteten auf Pusteln. Hausmittel
standen hoch im Kurs: Wadenwickel, Zwiebelsaft, Schwitzkuren, Tee aus
Linden- oder Kamillenblüten. Natürlich eigene Ernte. Kleine Schrammen wurden
mit Jod ausgerieben. Tuberkulose ging um oder die anzeigepflichtige Ruhr. Fiel
das so wertvolle Essen einfach durch uns durch, kamen „Gesundheitstanten",
hängten ein Schild „Vorsicht, Infektionsgefahr!" an die Tür und stellten überall
Schüsseln in der Wohnung auf mit unverkennbar riechendem Desinfektionsmit-
tel. Wir mussten isoliert zu Hause bleiben und konnten – kleiner Trost – nicht in
die Schule. Manches Mal fehlten so viele Kinder, dass der Lehrer kaum neuen
Stoff durchnahm und wir wenigstens nichts verpassten. So klar wie für viele von
uns ein Arztbesuch war, so sicher war für diejenigen Familien, die ein behinder-
tes Kind hatten, bei Krankheit auf keinen Fall in eine staatliche Klinik zu gehen
– sie hätten es höchstwahrscheinlich nie wieder gesehen.

Im Krieg und danach –
Impfungen waren Pflicht.

7. bis 10. Lebensjahr

Der finstere Kohlenklau.

Der Kohlenklau

Ein finsteres Männchen mit Schieber-
mütze und einem Sack auf dem Rücken
trieb sich herum. So verkündeten es
zumindest die Plakate auf Hauswänden
und Litfaßsäulen. Zeitungen meldeten, der
Bösewicht „Kohlenklau" lauere überall.
Man müsse ihm das Handwerk legen.
Groß und Klein waren aufgerufen, Jagd
auf den Übeltäter und Meister der
Tarnung zu machen. Er verschaffe sich
Zutritt zu jedem Haushalt und fräße
Brennstoffe, Kohle eben, und Energie in
jeder Form aus Lampen, Luken, Öfen und
Radios. „Kampf dem Kohlenklau" – eine
riesige Propagandaaktion lief 1942 an, um
im Land Energiereserven für den Krieg zu
sichern. Denn der koste und würde dann
ja auch gewonnen werden. Ein Spiel wurde
in hoher Auflage produziert. „Jagd auf
Kohlenklau" sollte vor allem Kindern den
sparsamen Umgang mit Ressourcen
lehren.

Wurstsuppe und Nesselspinat

Die meisten von uns werden sich an ihren unablässig knurrenden Magen
erinnern. Von Kriegsbeginn an wirtschafteten unsere Eltern, das heißt, fast nur
noch unsere Mütter, mit Lebensmittelmarken. Wer aus einer jüdischen Familie
stammte, erhielt von allem noch weniger. Dennoch wurden besondere Anlässe
wie Geburtstage auch für den Magen spürbar gefeiert, von unseren Eltern
„irgendwie organisiert".

Auf dem Land verschlimmerte sich die Nahrungsmittelsituation weniger heftig.
Mitten in der Stadt aber sahen wir von Jahr zu Jahr Gemüseäcker wachsen
– Ernte im Park! Wer einen Garten hatte, baute an. Für uns Kinder hieß Krieg:
Mithelfen, Essen ranholen, sich nicht zieren. Immer häufiger zogen wir mit Ruck-
säcken zum Acker, um Getreide oder Kartoffeln zu stoppeln. Ähren auf dem
Nachbarfeld suchen, war streng verboten. Viele von uns gingen mit Nachbarkin-
dern nachts Rüben stibitzen, ein wichtiger Ersatz für Zucker- und Brotaufstrich. Im
Waschhaus trafen sich alle zum Zuckerrübenraspeln, um daraus unter langem
Rühren Saft zu kochen. Rübenschnitzel in der Pfanne gebraten schmeckten nicht

schlecht – nur war's so wenig. In großer Not schickte uns Mutter los, etwas im Kolonialwarenladen zu erbitten. Manch einer von uns hat sich so geschämt, dass er deshalb die Bittworte auf einen Zettel geschrieben bekam, um sie im Laden nicht laut sagen zu müssen. Manchmal gab's beim Bäcker verunglücktes gebackenes Brot billiger. Der Fleischer schenkte umsonst Wurstsuppe direkt aus dem Schlachthaus aus einem Kessel in unseren Alu-Krug. Wir waren es auch, die Kräuter sammeln gingen. Die jungen Blätter der Schafgarbe landeten

Waren wir gesund und fröhlich, freuten sich unsere Eltern.

gehackt auf Brot, vielleicht mit etwas Margarine oder sogar Butter drunter. Sauerampfer verwandelte sich in Suppe, Taub- oder Brennnesseln in Spinat. Esskultur mit Messer, Gabel, Löffel wurde hochgehalten, auch wenn die Teller halb leer aussahen. Und bald schon meldete er sich wieder – der Kohldampf.

Ein Glück, wenn sich die Versorgungslage mit einem eigenen Schrebergarten aufbessern lässt.

Auf Fronturlaub oder nicht eingezogen, konzentriert sich Papa darauf, dem Garten etwas Essbares abzugewinnen.

Hoffentlich können wir durch-
schlafen. Wir beschützen unseren
Teddy und er uns.

Fliegeralarm

Dunkle Pappen gehörten an die Fenster, in
der Wohnung wie in der Straßenbahn. Wir
gewöhnten uns an ein lichtdichtes
Zuhause, an die Abschirmung der Ver-
kehrsampeln, Scheinwerfer und Fahrrad-
lampen genauso wie an Stromabschaltungen und Alltag mit Kerzen. Nicht gewöhnen
konnten wir uns daran, aus dem Schlaf
gerissen zu werden. Das Wort Krieg füllte sich mit unserer Angst vor der Sirene.
In langem Ton heulte sie los, mitten in der Nacht. Wir weinten. Unsere Sachen
mussten wir am Abend griffbereit über die Stuhllehne hängen. Die älteren
Geschwister halfen uns beim Anziehen. Schnell in den Luftschutzkeller runter,
bis der gleiche Schwington Entwarnung gab. 1943 nahmen die Angriffe zu,
bald schliefen wir angekleidet im Bett. Mutter brauchte nur noch nach dem
Köfferchen mit dem Wichtigsten zu greifen. Es stand fertig gepackt, stand wie
die Wannen und Tonnen voll Wasser zum Löschen im Haus bereit, sollten die
schmalen, zylindrischen Brandbomben einfallen. Überall lagen Patschen zum
Feuerausschlagen. Gardinen wurden abgenommen, um die Feuergefahr zu
mildern. Der Luftschutzwart kontrollierte, ob alle Bewohner in den Keller gekom-
men waren. Fehlte jemand und die Eisentür stand offen, schoben wir auch mal
den Kopf neugierig raus. Unablässiges Brummen, Motorengeräusche.

Dann fielen Christbäume vom Himmel. Weihnachten? Wir wussten noch
nicht, dass sie beleuchteten, was gleich bombardiert wurde. Die Stahltür
schlug zu, Riegel wurden geschlossen. Wir hörten noch die Kaninchen draußen quieken. Drinnen im Luftschutzkeller brannten Kerzen. Seine Kennzeich-
nung an der Hauswand, die drei weiß gemalten Buchstaben „LSK", kannten wir
auswendig. Wenn sich das Surren der Bomben näherte, steckte uns Mama
einen Korken zwischen die Zähne. Es krachte, offenbar im Haus nebenan.
Kurz danach brachen die Nachbarn vom provisorisch zugemauerten Keller mit
Stemmeisen durch und stiegen zu uns herüber. Ein Durcheinander, jemand war
nach oben gegangen, brennende Dachbalken herauszuhacken, um das Haus
zu retten. Und immer war da die Angst, dass alles über uns zusammenbricht.

In die Kinderlandverschickung

Mit Kriegsverlauf nahmen die Bombenangriffe der Alliierten zu, vor allem auf Städte. Zeitgleich mehrten sich dort die Versorgungsprobleme. Daraufhin verkündete Hitler im September 1940 eine „Erweiterte Kinderlandverschickung" – KLV. Den Eltern wurde sie als Möglichkeit für eine bessere Gesundheit ihrer Kinder verkauft: Sie sollten zunehmen und frische Luft atmen – kurz, stabiler werden. In Folge fuhren Stadtkinder und ab 1943 ganze Schulklassen ins Ländliche. Bis Kriegsende wurden über zwei Millionen Mädchen und Jungen aus urbanem, gefährdetem Gebiet evakuiert und in Herbergen, Landheimen, Pensionen, auch in Gastfamilien und regelrechten KLV-Lagern untergebracht. „Evakuiert" – so Unruhe stiftend sollte die Riesenaktion öffentlich nie bezeichnet werden.

Als Erholungsaufenthalt deklariert, fanden sich die verschickten Mädchen

Abschied am Zug. Um den Hals die „Kennkarte", damit wir nicht verloren gingen.

und Jungen in weit entlegenen Zipfeln des Deutschen Reichs und unter direktem Einfluss nationalsozialistischer Erziehung wieder. Abhängig von ihrem Alter waren entweder Nationalsozialistische Volkswohlfahrt, Hitlerjugend oder NS-Lehrerbund für die Organisation zuständig. Hierarchisch ging es zu, mit festem Tagesablauf und Schule je nach Verfassung der Lehrkraft. Wer jedoch zurück nach Hause wollte, musste sich damit abfinden, dass „deutsche Mädels oder Jungs kein Heimweh kennen" – und bleiben.

Papa ist auf Fronturlaub – wie fühlt sich Krieg an?

Frontpäckchen, Heimaturlaub, fremde Uniformen

Wie wir den Krieg wahrnahmen, hing neben der „Euphorie" oder Angst unserer Eltern auch davon ab, wo wir lebten. In einer Industriestadt, die als frühes Ziel von Bombenangriffen nicht verschont wurde, schwand der Jubel rasch. Außerdem war

Wie viele Bilder sind wohl für Väter, gleich welcher Frontseite und wohin sie der Krieg auch gebracht haben mochte, gemalt worden?

ja Vater weg – „eingezogen". Wir begriffen nicht recht, was das war und freuten uns, wenn er „auf Urlaub" kam. Dann probierten wir die viel zu große Uniform an und kasperten mit der Ausstattung herum, bis Vater alles resolut außer Sichtweite brachte und – unerlaubt – in die hinterste Ecke verbannte. Ein paarmal schickte er uns ein Päckchen aus dem Krieg, sogar mit geschnitztem Holzspielzeug für uns drin. Dann sagten plötzlich um uns herum mehr und mehr Schulfreunde, dass ihr Vater gefallen sei. Wir brauchten unsere Mütter gar nicht zu fragen, was die Kreuze in den Zeitungsanzeigen bedeuteten. Die meisten erhielten irgendwann, oft mit wochenlanger Verspätung, den Brief mit der traurigen Nachricht. Unsere Geschwister und Freunde wurden danach noch

Ferienstimmung – als ob Vater nie wieder weg müsste.

wichtiger für uns. Wir wollten Papa auf keinen Fall mehr gehen lassen und überlegten, wo wir ihn festbinden könnten.

Eines Tages verschwand ein Junge aus unserer Klasse. Dafür rückte plötzlich seine Mutter ins Blickfeld. Kahl geschoren sahen wir sie auf der Straße. Angeblich hatte sie sich mit einem Kriegsgefangenen eingelassen. Später wurde sie eingesperrt, hörten wir. In uns blieben das schockierende Bild der Frau und ein unheimliches Gefühl zurück. „Verbrüderung mit dem Feind" war streng verboten. Bei vielen von uns auf dem Land lebten Kriegsgefangene und Fremdarbeiter. Sie sollten mit anpacken auf dem Hof und bei schweren Arbeiten den Mann ersetzen, der im Krieg war. Es wurde nicht so gern gesehen, wenn wir zu ihnen gingen. Wir haben's trotzdem gemacht: Sie waren anders und schon deshalb interessant und brachten uns mit Kunststückchen zum Lachen.

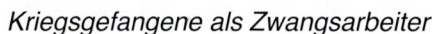

Kriegsgefangene als Zwangsarbeiter

Millionen Soldaten jedweder Seite gerieten im Zweiten Weltkrieg in Gefangenschaft. Zuerst waren es Polen, dann mit Verschiebung der Fronten ereilte viele andere, wie Franzosen, Holländer, Dänen, Norweger, Jugoslawen, Griechen, Russen und ab 1943 auch Italiener dasselbe Schicksal der deutschen Internierung. Dabei missachtete das Deutsche Reich Teile des Kriegsvölkerrechts, internierte Gefangene auch unter katastrophalen Umständen und setzte sie rücksichtslos zu Zwangsarbeiten ein. Die Haager Landkriegsordnung bzw. die Genfer Konvention zu ignorieren, würde wie ein Bumerang auf die deutschen Kriegs- und Kapitulationsgefangenen zurückschnellen. Während in den ersten Jahren auf jeden zehnten alliierten Kriegsgefangenen ein deutscher internierter Soldat kam, änderte sich nach den Kapitulationen in Afrika und Stalingrad und schließlich nach dem „D-Day" das

Gleichgewicht. Rund zehn Millionen Deutsche wurden gefangen genommen. Die Umstände in Lagern und auf Arbeitseinsätzen variierten je nach Ort und Kommando. In besonders schlimmer Situation aber befanden sich die sowjetischen und deutschen Gefangenen auf dem jeweils anderen Terrain. Von knapp sechs Millionen gefangenen Soldaten der Roten Armee starb die Hälfte. Sie verhungerten, gingen an Krankheiten und Entkräftung bei Zwangsarbeit zugrunde, vegetierten in Erdlöchern dahin, wurden misshandelt oder schlichtweg ermordet. Von den gefangenen Deutschen, die Stalins Staat als dringend gebrauchte Arbeitskräfte einsetzte, entkamen zwei Drittel einem ähnlich schrecklichen Tod. Bis 1949 verzögerte sich die Heimkehr der überlebenden deutschen Kriegsgefangenen. Erst 1956 durften offiziell die letzten zurückkehren. Viele galten als verschollen.

7. bis 10. Lebensjahr

Friede, Hoffnung, Hungersnot

„Alle 3 leben. Stadt weg."
Lebenszeichen-Karte nach dem
Angriff auf Dresden am 13. Februar.

Letzte Wochen –
Verstörende Bilder

Kurz vor Kriegsende sollten mit dem Volkssturm letzte Reserven mobilisiert
werden. An Straßenecken versammelten sich die ganz jungen und ganz alten
Männer in Zivil. Wir gingen hin, zu schauen. Dann weiter in die provisorische
Schule. In den letzten Wochen hatte der Unterricht nur noch zwei, drei Stunden
in einer Gaststube stattgefunden. Lehrgebäude, falls sie noch standen, waren
längst zu Lazaretten umfunktioniert. Auf dem Schulweg über Land hatten
manche von uns die Köpfe der Tiefflieger-Piloten in ihren Cockpits gesehen,
hatten sich in einen Graben geworfen, waren wieder aufgestanden und weiter-
gelaufen. Mit zehn Jahren entkamen wir dem Krieg. Wir waren nicht verschüt-
tet, erstickt, verbrannt, hatten nicht in jenem Schutzkeller gesessen, in dem

Chronik

13. und 14. Februar 1945
Bei Luftangriffen der Alliierten auf Dresden und folgendem Feuersturm sterben über 35000 Menschen.

8. Mai 1945
Der Krieg endet mit Deutschlands bedingungsloser Kapitulation.

2. August 1945
Das Potsdamer Abkommen verankert die Kompromisse der Siegermächte zum friedlichen Wiederaufbau Deutschlands.

9. August 1945
Drei Tage nach Hiroshima werfen die USA eine Atombombe auf das japanische Nagasaki ab.

3. September 1945
Die erste Verordnung zur „demokratischen Bodenreform" wird in Sachsen erlassen.

20. November 1945
Die Nürnberger Kriegsverbrecher-Prozesse beginnen.

7. März 1946
Aus den antifaschistischen Jugendausschüssen wird die Organisation der FDJ – Freie Deutsche Jugend – geschaffen.

21. April 1946
Aus KPD und SPD Ost entsteht die SED.

14. November 1946
Hermann Hesse erhält den Nobelpreis für Literatur.

30. Juni 1947
Die Gesellschaft zum Studium der Kultur der Sowjetunion, später DSF, wird gegründet.

23. Juni 1948
Drei Tage nach der Währungsreform in den West-Besatzungszonen künden vorerst überklebte Reichsmarkscheine von der Umstellung im sowjetisch verwalteten Gebiet.

24. Juni 1948
Berliner Blockade und Luftbrücke beginnen.

13. Oktober 1948
Aktivistenbewegung startet mit Henneckes 387% Normübererfüllung.

Fasching am 12. Februar 1945 in Dresden. Morgen würde die Stadt ganz anders aussehen.

Kohlen nebenan Feuer fingen, hatten keine kommunistischen oder jüdischen Eltern gehabt, keine Behinderung, waren in der Laubenkolonie, in fremden Familien, unter neuer Identität nicht entdeckt worden. Wir hatten Glück gehabt. Und wir hatten viel zu früh Dinge gesehen und erlebt, die wir als Kinder gar nicht verstehen und verdauen konnten.

Wer in den Städten saß, während Angriff auf Angriff folgte, sah rot ein riesiges Flammenmeer am Himmel, spürte Hitze, kochenden Asphalt, Angst, rennende Menschen, Phosphorflecken. Dann ringsum nichts mehr, zerstörte Gebäude, Asche, Brandgeruch. Wir sahen die Frau, die sich mühte, einen Menschen in Tücher gewickelt auf einen Tafelwagen zu legen, wie sie es nicht

schaffte. Wie alles aus den Händen zu gleiten schien. Wie schwach Erwachsene waren. Andere von uns waren irgendwo, allein verschickt, und warteten Tag für Tag, dass einer kommt und sagt, ob es Mutter und Geschwister noch gibt.

Bis Großvater vor uns stand. Tage war er gelaufen, nichts fuhr mehr. Er hielt etwas Essen in einem umgedrehten Helm und holte uns ab. Wir liefen lange – vielleicht zurück, und wenn es kein Zurück mehr gab, irgendwohin, wo wir Unterschlupf fanden. Unsere Eltern hatten versucht, den Einfluss der dunklen Jahre von uns abzuhalten. Nun stürzten die verstörenden Bilder auf uns ein. Sie fielen mit solcher Wucht und so tief, dass erst viel später ein Teil davon mit Mühe wieder hochgeholt werden würde.

Ein aufregender Mai – Stunde null

Noch im April 1945 schallten heroische Geburtstagsgratulationen aus den Volksempfängern. Kurze Zeit später meldete die gleiche Welle den Führertod. Einige von uns auf dem Land sahen Signalraketen, das sei die Rote Armee. Gleichzeitig hörten wir, dass die Wehrmacht vor Ort verschwunden sei. Plötzlich zogen in Windeseile Panzer durch. Fußtrupps, Kosaken zu Pferde. Wir

Soldaten bejubeln die Kapitulation Deutschlands.

staunten: Klein, mit dunkler Haut und schmalen Augen – so sahen also „die Russen" aus? Mancherorts schienen von allen Seiten Truppen einzurücken, von West und Ost. Ein aufregender Mai. Gerade eben noch wurden Leute wegen Verweigerung öffentlich aufgehängt. Großmutter verbot: Du gehst da nicht hin gucken! Und einen Augenblick später wurden wir alle auf den Marktplatz bestellt, wo ein Lautsprecher verkündete: Der Ort ergibt sich kampflos. Jubel brach los. Der Krieg war zu Ende. Auch wir freuten uns, vor allem darüber, nicht mehr in Keller oder Bunker zu müssen. Draußen wartete der Sommer. Schulfrei – wunderbar! Deutschland hatte also verloren, nun, das war für uns im Grunde nicht dramatisch. Zwar zerfiel für manchen von uns eine Scheinwelt, in der eine „siegreiche Wehrmacht" mit nachgeplapperten Worten und Spielzeugsoldaten agierte. Aber wir waren jung und offen.

Und neue Unruhe drängte vor. Wir bekamen die „Angst vor den Befreiern" mit. Oder Besatzern? Rächern? „Die Russen kommen!", hieß es mit besorgtem Unterton. Frauen versteckten und verkleideten sich. Uns wurde oft wieder nichts erklärt. Wir spürten und folgten. Hatte es eben noch geheißen, wer keine Fahne flattern ließ, war wohl gegen Hitler?! – Nun hingen überall weiße. Ein vor der Wehrmacht außer Sichtweite gebrachter Motor war plötzlich wieder „in Gefahr". Fahrräder – wichtigstes Fortbewegungsmittel – wurden oftmals einkassiert. Russische Sanitäterinnen riefen „Goldz, Goldz". Mutter bangte um ihren Ehering, bis das Missverständnis sich klärte. Sie brauchten „Holz". Relativ schnell hieß es, Kommandanturen seien eingerichtet. Manch mutige Mutter sprach vor, wenn etwas passiert war. Verbliebene Männer, auch Opa, wurden überprüft. Vielleicht wurden sie mitgenommen, dann kamen sie meist nach ein paar Tagen wieder. Manche nicht. In den unsicheren Nachkriegstagen fanden wir Kinder die „Befreier" freundlich, lustig und großzügig. Trotz der Angst unserer Eltern erwiderten wir ihre Kontaktversuche und spielten mit ihnen.

Blutsbrüder und Bandenkriege

Es kam vor, dass kurz nach Kriegsende alle im gleichen Kleiderstoff herumliefen. Das „Textildepot" im hinteren Gaststättenraum war inoffiziell freigegeben. Herrenlose Lebensmittelspeicher, Lager, offen liegende Fabriken blieben nicht lange unentdeckt und wurden geplündert. Damit kam man wieder einige Tage

Neuer Spielplatz –
Trümmerfeld.

über die Runden und half Verwandten und Bekannten. Uns schien es jedenfalls so, als ob in der Not der Zusammenhalt größer wurde. Der beste Freund
sollte unser Blutsbruder werden. Bloß gut, dass unsere Mütter nicht sahen, wie
wir mit einer dreckigen Scherbe in den Ruinen den Bund auf ewig schlossen.
Mit vertrauten Spielkameraden hielten wir in Fehden benachbarten „feindlichen" Banden stand. Wir hatten riesiges Glück beim Spielen zwischen aufgerissenen Häuserwänden und Blindgängern. Wie durch ein Wunder stürzte die
marode Decke des ausgebombten Hauses, in dem sich unser heimliches
Banden-Lokal befand, gerade dann ein, als wir auf Pirsch waren. Wir zielten
auf noch intakte Scheiben über Mauerresten, auf denen sich die Suchanzeigen
mehrten. Zirkusnummern studierten wir ein und führten sie vor Nachbarn auf.
Stubenarrest traf uns als echte Strafe. Wir bissen die Zähne zusammen und
warteten darauf, wieder Fußball spielen zu können. Obwohl Mutter das mit
einem lachenden und einem weinenden Auge sah – woher sollte sie bloß neue
Schuhe für uns bekommen?

Die Bodenreform

Über drei Millionen Hektar Ackerbau-, Wald- und Wiesenfläche wurden in der Sowjetischen Besatzungszone nach 1945 enteignet. Mit der Bodenreform sollte die „Liquidierung des feudalen und junkerlichen Grundbesitzes" vollzogen werden. Wem mehr als 100 ha gehörten, verlor alles an die Bodenfonds der Provinzen und Länder. Samt Häusern und Hausrat. Zwei Drittel der Fläche wurden aufgeteilt und an etwa eine halbe Million „Neubauern" vergeben. Der Rest wurde meist „Volkseigenes Gut". Vor allem Flüchtlinge, Vertriebene, besitzlose Kleinbauern, Land- und Industriearbeiter erwarben das Nutzungsrecht für eine dieser Fünf-Hektar-Parzellen und hofften auf einen

Neubauern erhalten Land zur Bewirtschaftung.

Eine Ziege müsste man haben und ein Stück Land, oder einfach den Waldrand nutzen zum Grasen.

Neuanfang. Die Besatzungsmacht hoffte auf eine Lösung des Lebensmittel- und Flüchtlingsproblems. Fatal, dass die Umstrukturierung in der Erntezeit stattfand. Auch in den Folgejahren sank der Ertrag. Zu viele der Neubauern gerieten in ökonomische Krisen – sei es, weil ihnen die Erfahrung fehlte, das Land zu bewirtschaften, sei es wegen des Widerstandes, den sie von Dorfgemeinschaft und Altbauern zu spüren bekamen oder sei es aufgrund der Auflagen, Anbaupläne und Ablieferungspflichten. Für die Selbstversorgung sollte es auch noch reichen, Lebensmittelmarken erhielten sie daher nicht.

Kein Wunder, dass sich viele von ihnen den Zusammenschlüssen zu Landwirtschaftlichen Produktionsgenossenschaften fügten, wenn auch gezwungenermaßen. Oder das Handtuch warfen – bis Mitte der Fünfzigerjahre stiegen 16% der Neubauern wieder aus. Die Vorbereitungen für den „Sozialismus auf dem Lande" begannen mit Landflucht und knurrendem Magen.

Hoffen auf volle Töpfe.

Königsbiss und Glückspilz

Bei Meisner gibt's Kartoffeln! Wir griffen den Beutel und rannten der Schulfreundin hinterher, die Bescheid sagen kam. Bei der russischen Suppenküche durften wir uns anstellen und eine Kelle Heißes ins Kochgeschirr geben lassen. Dort, wo alle zusammenrückten auf engem Raum – Ausgebombte, Umgesiedelte, Alteingesessene – brachte jeder in den Gemeinschaftskochtopf ein, was er eben hatte. „Das ist meins" schien sich in diesen Augenblicken aufgelöst zu haben. Aber als es später, vor allem in den Folgewintern, noch schlimmer wurde, löste sich die „Gemeinschaft" auch wieder in Einzelkämpfer auf. Es ging ums Überleben.

Aktion gegen Kartoffelkäfer auf einer Riesaer Streichholzschachtel.

Mama begann, bei den Russen zu arbeiten. Sie wusch die Wäsche der sowjetischen Offiziere, wie es viele Frauen bei den Besatzern taten, die sich in großen Wohnungen in der Nähe eingerichtet hatten. Für saubere Fußlappen erhielt sie Essen. Und Seife – die sie wiederum in Nahrhaftes verwandeln konnte. Der Schwarzmarkt blühte. „Wer niemals einen Tausch gehabt, der ist kein rechter Mann", tönte die Wochenschau. Schieber und Hamsterfahrten – neue Vokabeln drangen an unser Ohr. Mama erhielt Marken, aber leider nicht gleichzeitig die Garantie, dass das entsprechende Fett oder Brot tatsächlich auch hinter dem Ladentisch wartete. Wir wurden mit dem Handwagen losgeschickt, den restlichen Hausrat zu versetzen. Oft wurden wir abgewiesen, es seien schon zu viele vorbeigekommen.

Die Mehrheit litt jetzt wirklich Hunger. Kleingärtnerei im parzellierten Hinterhof wurde lebenswichtig. Wer einen Garten hatte, musste vor Ort sein, damit sich nicht andere um die Ernte „kümmerten". Der Rundfunk richtete die Sorgenpause ein und riet, Winterkohl anzupflanzen. Das tollste Erlebnis für unsere Gaumen waren aber weder der Kohl noch die Aromen und Ersatzstoffe, mit denen der Magen nach Kräften betrogen wurde, sondern eine Scheibe Wurst. Die schubsten wir an der Oberlippe auf einer trockenen Brotscheibe immer ein Stück weiter, bis sie am Ende übrig blieb – für den Königsbiss!

Leseholzsonntage

Sehr, sehr kalt wurde der Jahreswechsel 1946/1947, der uns als Hungerwinter in Erinnerung blieb. Über das dicke Eis von Seen und sogar Flüssen konnten wir laufen. Wir froren wie die Schneider. Wer eine Wohnung hatte, beheizte ein einziges Zimmer. Über die Vier-Grad-Grenze stieg die Raumtemperatur kaum. Das Feuer wurde meist gleich im Kochherd entfacht – wenn vorhanden natürlich. Sonst kam die Brennhexe zum Einsatz. Da jederzeit mit Stromabschaltungen zu rechnen war, wurde so gleichzeitig Essen zubereitet. Auf den Platten erhitzte Mama den „heißen Stein" oder Wasser für die alte Kupfer-Wärmflasche bzw. deren Nachkriegspendant aus zusammengeschweißten Kanonenhülsen. Eingewickelt schob sie die am Abend unter die Decken.

An Heizmaterial mangelte es. Kohle war rationiert und so gut wie nie zu bekommen. Also mussten wir ihr „nachlaufen". Nicht wenige von uns machten

sich auf den Weg zu einem bestimmten Gleisabschnitt oder zum Bahnhof. Wenn ein Güterwagen mit Kohle langsam fuhr oder hielt, sprangen einige auf, füllten Säcke oder warfen das Transportgut vom Waggon. Die anderen sammelten ein. Das war verboten und richtig gefährlich. Wachposten konnten auftauchen und scharf schießen. Aber wir spürten so etwas wie Rechtfertigung, weil wir uns auf diese Weise, wie alle um uns herum, ums Überleben kümmerten. Und natürlich gingen alle sonntags ins Leseholz. Die Wälder sahen wie leer gefegt aus. Wenigstens wurde uns beim Bücken und kilometerweiten Laufen mit dem Handwagen warm.

Alte gesäuberte und neue Schwarten

Ab Herbst 1945 begann die Schule wieder. Barfuß hingehen war durchaus normal. Bei Regen und Kälte fehlten die „unbesohlten Läufer" öfter. Auch wenn nicht jeder Schuhe hatte – Läuse bekamen alle. Für uns Mädchen bedeutete das meist den tragischen Verlust der Zöpfe. Kaum hatte ein einigermaßen geregelter Lernalltag Einzug gehalten, wurde er erneut unterbrochen: Kälteferien. Unser Schicksal hing offenbar von größeren Mächten ab. Wo geheizt wurde, wechselte der Unterricht ins Dreischichtsystem. Andernfalls notierten wir in Mütze, Mantel und Handschuhen Hausaufgaben für die Zeit des Unter-

Werken in einer unversehrten Schule – Neuaufbau im Kleinen.

richtsausfalls. Wobei Schreibutensilien nicht selbstverständlich waren, es fehlte an Papier. Wir schrieben auf alles, was noch unbedruckte Stellen aufwies. Handzettel mit Informationen für die Bevölkerung, zum Beispiel. Die sollten wir eigentlich verteilen. Wir entschieden uns dafür, darauf Mathe zu üben. Auf gar keinen Fall durften wir dieses krakelige Zeichen malen, das bis vor Kurzem überall in Erscheinung getreten war. Die Entnazifizierung machte sich auch beim Lehrmaterial bemerkbar. Zuerst lernten wir mit ganz alten Büchern aus der Weimarer Republik. Bis neue erschienen, erzählte uns die Lehrerin einfach etwas. Grundtenor „Nie wieder Krieg!" Ansonsten sollte es möglichst unpolitisch zugehen: Feldspat, Quarz und Glimmer, das vergess' ich nimmer. Für Geografie brachte jemand einen geretteten Atlas mit. Für so manchen von uns war es ein Jammer, dass Bücher bei den Angriffen verloren gegangen waren. Notgedrungen verschlangen wir nun, was uns in die Finger kam. In der Gemeindebibliothek, bei der sich manche von uns anmeldeten, wurde das gesammelte Druckwerk kontrolliert, behelfsmäßig überklebt oder geschwärzt, bevor es später eventuell ganz verschwand. Auch auf Briefmarken entdeckten wir einen dunklen Tintenfleck, den die Post Hitler mit einem Flaschenkork aufgedrückt hatte.

Das Leben musste weitergehen – mit dem, was wir hatten, dennoch symbolisch anders als vorher. Auch sehr junge Lehrer traten von nun an vor unsere Klassen. Die sogenannten Neulehrer wirkten etwas unsicher, erzählten dafür

11. bis 14. Lebensjahr

umso interessanter. Sogar vom Krieg, in dem sie gerade selber noch gewesen waren. Oft hörten wir, dass „wir" Schuld hätten, dass die Russen gut seien und unsere Freunde, die uns befreit und geholfen hatten. Mancher von uns schluckte oder widersprach auch. Es können doch nicht alle Deutschen schlecht gewesen sein, Papa nicht! Das Schlimmste – man konnte ihn nicht einmal selbst danach fragen. Inzwischen gesellte sich zum Himmel der „Kosmos", und rote Fahnen tauchten im Schulgebäude auf. Sportunterricht fehlte im Stundenplan – gestrichen wegen paramilitärischen Charakters. Nun, das machte nichts. Wahrscheinlich hätten wir davon nur noch mehr Magenknurren bekommen. Neben Wissenshunger meldete sich unser leerer Bauch ständig. Zum Glück erhielt jeder von uns ein Schulbrötchen. Mochten wir einen Lehrer besonders gern, gaben wir ihm zu seinem Geburtstag von unserem die Hälfte ab.

Aller Anfang ist schwer – Neulehrer

Ein echter Neuanfang sollte es sein. Klare Sache, dass man sich besonders um Kinder und Jugendliche würde kümmern müssen. Auf Befehl der sowjetischen Militäradministration sollte der Unterricht nach Kriegsende im Oktober wieder beginnen. Vorerst gezwungenermaßen mit alten Lehrkräften, die aber jederzeit mit ihrer Entlassung zu rechnen hatten. Neulehrer mussten her. Nach einem personellen Kahlschlag in Lehrkörpern und auf Schulleiterebene wurden vehement geeignete neue Frauen und Männer für den Schuldienst angeworben. Junge Leute sollten es sein, mindestens 16 Jahre alt, gern Arbeiter aus antifaschistischen Kreisen, die sich zur Umschulung melden und etwa einen Dreiwochen-,

später Achtmonatskurs plus acht Wochen Pädagogik-Grundlehrgang absolvieren sollten.

Viele nutzten die Chance des Quereinstiegs – Zehntausende Lehrer wurden auf diese Weise ausgetauscht um sicherzustellen, dass keine Nazi-Vergangenheit mehr durch die Bankreihen geisterte. Trotzdem reichte es hinten und vorne nicht, vor allem, was Fachlehrer betraf. Der Mangel an Neulehrern, auch die hinzukommenden Umsiedler führten zu Klassenstärken von 50 Kindern. Spätestens ab 1948 hatten Neulehrer auch Weltanschauung zu vermitteln – gesehen aus der Perspektive einer sich installierenden Staatspartei. Sowjetische Pädagogik begann zu dominieren.

Papa kehrt heim

Von Gerlinde und von Jürgen wussten wir, dass ihre Väter „gefallen" waren. Auch wir hatten eine Ewigkeit nichts mehr von Papa gehört. Im Unterschied zu den Müttern unserer Spielkameraden weinte unsere Mama vielleicht nicht so oft. Es gab Hoffnung, dass er lebte. Aber faktisch fehlte er hier genauso wie da. Obwohl der Krieg offiziell zu Ende war, kehrten viele Soldaten, die überlebt hatten, noch Jahre danach nicht heim. Unsere Mütter nahmen mit letzten Kraftreserven Kontakt zu Behörden auf, um vom Verbleib der Väter zu erfahren.

Irgendwann erhielten sie vielleicht eine Nachricht, einen Faltbrief mit rotem Kreuz, darin die erhoffte Zeile „ich lebe". So groß war unsere Vorfreude, dass wir nicht aus dem Hof weichen wollten, um ihn nicht zu verpassen und als Erste begrüßen zu können. Nach mehreren Stunden gaben wir auf. Plötzlich, eine Woche später, stand er in der Tür. Wir erkannten ihn auf den ersten Blick nicht einmal, so grau und schmal sah er aus. Manchen von uns versetzte es

Endlich wieder vereint. Das erste Familienfoto nach dem Krieg mit allen.

einen Schock, dass ihr Vater ihren Umarmungsversuch abwehrte. Dabei wollte er nur verhindern, dass sie von mitgeschlepptem Ungeziefer befallen wurden. Viele schwiegen. Und einige sprachen vorsichtig. Vor allem das Weggelassene und die Tonart ihres Erzählens ließen uns ahnen, was sie Schreckliches erlebt hatten. Aber auch wir hatten viel durchgemacht und da das allen so ging, schien uns so eine Kindheit „normal".

Schon im Krieg waren wir in den Überlebenskampf der vaterlosen Familie eingebunden gewesen. Jetzt mussten wir Zehnjährigen erst recht helfen, die Wirrnis der ersten „Friedensstunden" zu überstehen. Vaters Platz hatten zum Teil ältere Geschwister eingenommen, und auch wir kümmerten uns um Dinge, die zu den Aufgaben des „Familienoberhauptes" gehörten. Schutz und Beutezüge zum Beispiel. In der Not schraubten wir Glühbirnen aus Hausfluren und verkauften sie auf dem Schwarzmarkt. Unsere frisch heimgekommenen Väter hatten wohl oft nicht genug Kraft, die veränderte Situation wahrzunehmen und den rasanten Reifeprozess unserer letzten Jahre anzuerkennen. Als „der oder die Kleine" wollten wir jedenfalls nicht mehr angesprochen werden. Noch lange waren nicht alle verschollen Geglaubten zurück, da verschwanden die Ersten schon wieder. Nachbarn erzählten von einem Mann, den „die Russen" direkt aus der Straßenbahn mitgenommen hatten. Er hatte sich geweigert, Schienen abzubauen.

Menschenströme von Osten

Flüchtlinge ziehen durch die Lausitz.

Dass nach der Kapitulation nicht Rache an „den Deutschen" genommen wurde, war kaum zu erwarten. Eine Völkerwanderung durch Vertreibung setzte ein. Etwa 12,5 Millionen Menschen verloren ihre Heimat. Mit einem spärlichen Teil ihrer Habe in Rucksack und Koffer, auf Handwagen oder Viehkarren zogen Menschenströme zu Fuß in Richtung Westen. Schon 1944 flohen die Ersten aus Ostpreußen vor der anrückenden Roten Armee. Häufig hinausgezögert mit Durchhalteparolen, gerieten sie zwischen die Fronten. Offiziell schrieb die Potsdamer Konferenz im Sommer 1945 die „ordnungsgemäße und humane Umsiedlung" der Deutschen aus den Ostgebieten fest. Die Bezeichnung drückt Absicht aus – die Praxis aber verlief oft traurig und brutal. Der von deutscher Seite geschürte Hass hallte nun zurück.

Aufgefordert, ihr Haus binnen kürzester Zeit zu verlassen, brachen sie oft nur mit Kleidern auf dem Leib und Hausrat, den sie tragen konnten, auf. Unterwegs, bei eisigem Wetter, Nächten in Straßengräben und wenig Essen, starben schätzungsweise zwei Millionen Menschen. Familien wurden getrennt, Geschwister gingen verloren. Die Neuankömmlinge in den vier Besatzungszonen riefen Entsetzen, Mitleid und zunehmend auch Abwehr hervor. Sie hatten buchstäblich nichts, außer der Hoffnung, irgendwo anzukommen und wieder Fuß zu fassen. Von Tür zu Tür fragten sie sich durch nach Wäsche und Nahrung. Notunterkünfte wurden eingerichtet, bei jedermann wurde einquartiert. Über neun Millionen Flüchtlinge zählte der Alliierte Kontrollrat im Herbst 1946. Was als Übergangslösung geplant war, blieb vielerorts noch Jahre so. Außerdem querten all die Soldaten, Verwundeten, Kriegsgefangenen und Zwangsarbeiter Europa. Auch Kinder kehrten aus Kinderlandverschickungen zurück oder – verloren gegangen – wechselten sie von der „falschen" Zone in die „richtige" nach Hause.

Aufbruch ins eigene Leben

Segen fürs Erwachsensein – Konfirmation

Als wir in die achte Klasse kamen, manifestierten einige Lehrer unsere Reife, indem sie uns mit „Sie" ansprachen. Der Krieg bzw. die Wirren der ersten Friedenswochen hatte uns ohnehin aus der Kindheit gerissen. Vierzehnjährig stand uns die Konfirmation bevor. Sie war für die meisten von uns selbstverständlich in der sowjetischen Besatzungszone, mit der hier weit

Konfirmationsschein

Hildegard Erika

H o h l f e l d t ,

geboren am 5.4.1935

zu Dresden,

getauft am 12.4.1935

zu Dresden, Martin-Luther-Kirche,

ist am Palmsonntag, dem 10.4.49, in der

Auferstehungskirche zu Dresden-Plauen

vor versammelter Gemeinde konfirmiert worden.

Dresden-Plauen, den 10.April 1949.

Evang.-luth. Pfarramt
der Auferstehungskirche

Denkspruch:

Habe deine Lust an dem Herrn; der wird
dir geben, was dein Herz wünschet.

Ps.37,4.

C. Aurig, Dresden-Blasewitz – D 04 10 46 0.45

Chronik

23. Mai 1949
Die Bundesrepublik Deutschland wird
gegründet. Im September wird Theodor
Heuss erster Präsident.

7. Oktober 1949
Gründung der Deutschen Demokratischen
Republik. Präsident wird Wilhelm Pieck.

6. Juni 1950
Polen und die DDR erkennen die Oder-
Neiße-Grenze per Vertrag an.

25. Juni 1950
Kriegsbeginn zwischen den amerikanisch
und sowjetisch besetzten Teilen Koreas.

29. September 1950
Die DDR wird Mitglied im Rat für Gegen-
seitige Wirtschaftshilfe.

1. Januar 1951
Der erste Fünfjahrplan tritt in der DDR
in Kraft.

5. August 1951
Die III. Weltfestspiele der Jugend und
Studenten beginnen in Ostberlin.

3. Februar 1952
Grundsteinlegung für die Berliner Stalinal-
lee, die zum propagierten Symbol für
DDR-Enttrümmerung im Rahmen des
Nationalen Aufbauwerks wird.

10. März 1952
Stalinnote zur Wiedervereinigung Deutschlands.

26. Mai 1952
Der Deutschlandvertrag über das Ende der
Besatzung in der Bundesrepublik wird
unterzeichnet.

24. Juni 1952
Die erste BILD-Zeitung erscheint.

23. Juli 1952
In der DDR ersetzen vierzehn neue
Verwaltungsbezirke die Länder.

10. Mai 1953
Chemnitz wird in Karl-Marx-Stadt
umbenannt.

17. Juni 1953
„Aufstand des 17. Juni".

Trotz sparsamer Zeiten gibt es Geschenke.

verbreiteten evangelischen Gesinnung.
Außerdem hatte die DDR in spe – noch
im selben Jahr stand die Gründung
bevor – noch nicht mit der Jugend-
weihe in die Initiationsstruktur eingegrif-
fen. Mit Krawatte und feuchtem Scheitel, im umgenähten Georgette-Festkleid,
mit frisch gewelltem Haar und in
geborgten Schuhen, die wir vorn mit
Watte ausgestopft hatten, standen wir
an Palmarum bereit, um vor Eltern und
Gästen in der Kirche unseren Denkspruch entgegenzunehmen. In den
Händen das Gesangbuch, noch vom
Vater. Auch die Nachbarn konnten es
sehen: Vor der Haustür lag auf einem
Wegstück feiner weißer Sand verstreut,
oder als Ersatz, ATA Scheuermittel.

Das Lernen geht weiter

Eines der vielen neuen Gesetze der sowjetischen Militäradministration hatte uns 1946 die Einheitsschule mit Achtklassen-Abschluss beschert. Die letzten drei Jahre in der Grundschule – so hieß sie nun – lagen bald hinter uns. Wunderbar, wenn unsere alten Schulkameraden noch mit uns zusammen dieselbe Schulbank drückten. Aber auch wenn wir von vorn hatten beginnen müssen, als Flüchtlingskind beispielsweise in fremder Umgebung, so waren doch neue Freundschaften entstanden. Nun sollten wir uns nach der achten Klasse endgültig voneinander verabschieden. Wir ließen Poesiealben umherwandern. All die gesammelten Zeilen, flotte oder weise Wünsche und Sprüche für die Zukunft, würden uns begleiten als Andenken an die gemeinsam verbrachte Schulzeit. Mit dem Abschlusszeugnis in der Tasche wechselten nur wenige von uns zur Oberschule, um weitere vier Jahre fürs Abitur zu büffeln. Die meisten von uns begannen eine Lehre.

Wir wurden die erste Generation, für die das Schulgeld auch an der Oberstufe wegfiel. Niemandem würde

Erinnerungsstücke von Mitschülern.

Bildung aus Kapitalmangel verwehrt bleiben. Vor allem keinem Arbeiter- oder Bauernkind. Kurioserweise bekamen das diejenigen unter uns zu spüren, deren Eltern Intellektuelle oder – zum Teil ehemalige, enteignete – Unternehmer waren. In der Oberschulzeit versuchten wir mit Flaschen-Wegschaffen, Kohlen-schippen oder Aushelfen in der Landwirtschaft etwas Substanz in unsere finanzielle Lage zu bringen. Die Lehrlinge unter uns verdienten jetzt immerhin Lehrgeld. Was für ein Gefühl, die erste gefüllte Lohntüte in den Händen zu halten! Aber von den 30 bis 40 Mark im Monat wanderte ein Großteil gleich in die elterliche Haushaltskasse. Außerdem gab es in den Läden nicht viel zu kaufen. Oder aber der „freie Handel" schob die Warenpreise in utopische Höhen.

Für unsere Monatskarte für drei Linien – die letzten zwei Stationen gehörten nicht mehr dazu, also liefen wir – mussten wir sieben Mark berappen. Die heiß ersehnte Rolle Drops am Kiosk zwischen den Ruinen kostete 20 Mark, da natürlich nicht auf Lebensmittelkarte erhältlich. Aber immerhin eine Bockwurst ging, und ein Ausnahmebier in Freundesrunde. Wer hatte, fuhr mit dem Fahr-rad und freute sich über das übrig gebliebene Straßenbahn- oder Busgeld. Viele Oberschüler wohnten weiterhin bei ihrer Mutter. Lehrlinge waren auch in Heimen bei der Post, Bahn, oder beim Bauern untergebracht. Unterkunft in Baubuden oder Nachtschlaf auf Strohsäcken waren keine Seltenheit. Wer am Samstag nach der Arbeit für das „Wochenende" nach Hause zurücklief, nahm gleich den Handwagen mit und lud unterwegs Feuerholz auf. Angekommen und nach einer Tasse Gerstenkaffee fielen wir müde ins Bett. Mit Fachunterricht und Praxis erwarben die meisten von uns in drei Jahren ihren Berufsabschluss. Neue Ausbildungsstrukturen befanden sich im Aufbau. Mit 14 Jahren hatten wir die Lehre begonnen und es konnte sein, dass wir als frischgebackene Kinder-gärtnerin gleich auf eine Leitungsposition vorrückten.

Auch wenn sich unsere Wege jetzt trennten –
unsere Freundschaften würden fürs Leben halten.

Parallelo und Ringelsocken

Im Unterschied zu unseren Müttern, die verwitwet, allein oder mit den vom Krieg gebeutelten Männern schwer am Alltag trugen, drängte uns der jugendliche Aufbruch ins eigene Leben. Dabei sollte unser Äußeres wenigstens einen Bruchteil von dem gänzlich anderen Lebensgefühl zeigen. Zwar konnten wir uns nicht richtig modisch anziehen – zu kaufen gab es nichts und der „Sparstrumpf" fühlte sich mager an. Dennoch liebäugelten wir mit Ringelsocken, solchen, wie es sie in Westberlin gab, und wünschten uns Wildlederschuhe oder mindestens einen knallroten Parallelo-Pullover mit Fledermausärmeln. Aber ehe man sich's versah, bezog man politisch Stellung. Kleidung konnte eine provokante Sprache sprechen. Um als Frau mit aufkommenden Modeidealen in der „Haupt-Sache" mithalten zu können, borgte uns Oma ihren Brennstab für eine Pseudo-Dauerwelle. Über der Gasflamme erhitzten wir ihn, und damit wir unsere Haare nicht ruinierten, musste erst ein Stück Papier dazwischengehalten werden zum Test. Wenn es nicht mehr braun wurde, war das Metall genug abgekühlt und wir konnten loslegen.

Nicht immer konnten wir uns
nach der neusten Mode richten.

Junge FDJler sammeln Unterschriften für einen Gruß an Stalin.

Der König ist tot, es lebe der König

Während wir uns unserer jugendlichen Blüte näherten, gedieh in der sowjetisch besetzten Zone bzw. in der frisch gegründeten DDR ein neuer Personenkult. Vor nicht einmal fünf Jahren war der Mann mit Scheitel und Oberlippenbart von den Wänden genommen worden. Nun hielt ein neuer gerahmter Held in der Aula Einzug: Stalin als Kämpfer, Vorbild, „Schlussstein der Revolution", ja sogar als „Führer" hing jetzt vor unseren Augen. Wir wuchsen hinein in den anschwellenden Grundtenor, kollektiv sühnen und dabei den Freunden aus der Sowjetunion dankbar sein zu müssen. Die Fülle an Metaphern für den „Stern am sozialistischen Firmament" löste je nach Elternhaus Irritation, Unmut, Lähmung

15. bis 18. Lebensjahr

oder Schwung aus. Das Jahr 1949 endete für manchen von uns Lehrlingen mit dem Stalin-Aufgebot, einem Überstundengeschenk zum runden Geburtstag des Generalissimus.

Obwohl unsere täglichen Wege zu Ausbildung oder Oberschule gleich blieben, veränderten sie sich namentlich: Wir querten nicht mehr den Wilhelm-, sondern den Karl-Marx-Platz. Neben Fritz Heckert, Ernst Thälmann, Richard Sorge oder Werner Seelenbinder wiesen Stalinalleen und -straßen die Richtung. Uns Abiturienten beschäftigte man eingehend mit der Kultur der Sowjetunion. Wir lasen Dostojewski, Tolstoi, unbedingt Gorki, und mussten mit diesen Themen in der Literatur-Abschlussprüfung rechnen. Russisch war erste Fremdsprache gleich nach Kriegsende geworden. Stalin starb und – der propagierte Antimilitarismus schien zweifelhaft – neben dem Trauerflor standen Schüler mit geschultertem Gewehr und hielten Totenwache.

Hunger nach Kultur

Mit traurigem Blick hatten wir vor dem zerstörten Opernhaus gestanden. Aber den Ruinen zum Trotz nahmen die Bühnen nach Kriegsende schon bald wieder ihre Arbeit auf. Uns störten die provisorischen Spielstätten ganz und gar nicht. Mit Madame Butterfly versanken wir in einem umfunktionierten Gasthaus außerhalb des Stadtzentrums für ein paar Stunden in eine andere Welt. Offenbar ging es vielen so wie uns: Menschenschlangen warteten vor den Kassen. Anfangs hatte ein mitgebrachtes Brikett den Eintritt ersetzt. Nun stellten wir uns schon am Vorabend mit Hocker und Decke an, um eine Karte zu kaufen. Kultur war wichtig. Und glücklicherweise erschwinglich. Theaterabende wurden preislich nur noch unterboten von Kinobesuchen.

Wer sich nach Westberlin traute, konnte am Nachmittag sogar verbilligt in eine der Sondervorstellungen für „die aus dem Osten" gehen. Und noch

„Sie tanzte nur einen Sommer" weckte Sehnsüchte in uns (Szene aus dem Film).

einen wesentlichen Unterschied gab es, warum die Leinwand so attraktiv war im Vergleich zu Oper oder Konzert: Im Kino, wenn das Licht ausging, rückten wir näher, und der Ruch des Verbotenen zog durch die Reihen. Um uns mit unseren 15 Jahren durchzuschummeln, borgten wir von Mama den Hut mit Schleier, schminkten uns gegenseitig und – kamen durch. Nur nicht bei einer Ausweiskontrolle erwischen lassen. Drinnen folgten wir dem Taschenlampenstrahl der Platzanweiserin und ließen uns auf Polster oder Holz nieder. Für die Loge reichte das Geld nicht. Die Kino-Orgel aber spielte für alle. Der Vorhang ging auf, Wochenschau und Werbung stimmten uns ein. Unterhaltsame oder ernste Streifen: Wolfgang Staudtes „Untertan", Kurt Maetzigs „Rat der Götter" oder Filme wie „Das Beil von Wandsbek" oder „Der Kahn der fröhlichen Leute" begleiteten und interpretierten unsere Nachkriegszeit und die noch junge Geschichte. Mehrmals guckten wir „Sie tanzte nur einen Sommer". Die einen fanden es „ungeheuer" – Sexualität auf der Leinwand! Uns erschien sie ungeheuer aufregend, diese freimütige Offenbarung. Und natürlich wurde das Kino zu einem Ort, an dem wir das erste Mal Hand in Hand saßen – versteckt, im Dunkeln.

Viele von uns entschieden sich für die Tanzstunde. Zum Mittel- und Abschlussball wollten wir festlich gekleidet sein. Für die Mädchen fand sich meist ein Vorhangstoff aus Vorkriegszeiten, der zum Ballkleid umgearbeitet wurde. Auch die Herren machten sich in einem meist alten Anzug mit einem Sträußchen in den Händen auf den Weg zu den Eltern ihrer Tanzstundendame. Die vor dem Fotografen posierenden Tanzpaare weckten den Eindruck von zu früh vermählten Brautleuten.

Auf Drahtesel und Schusters Rappen

Mit markierten Grenzen und wenig Geld war an Verreisen kaum zu denken. Letztendlich schwangen wir uns auf das noch immer wichtigste Transportmittel – den klapprigen Drahtesel. Zusammen mit Freunden schafften wir es bis an die Ostsee oder trauten uns sogar in den Westen. Solche abenteuerlichen Touren verbanden fürs Leben. Mit uns reiste das pure Glück: rücklings im Gras vor dem geflickten Zelt, weit weg von den Ruinen-Kulissen der Stadt, gehörte uns der ganze Himmel. Bald entwickelten wir uns zu Weltmeistern des alltäglichen Überlebens in der Fremde, die Lebensmittelmarken-Ration fest im Griff.

In Jugendherbergen wurde mit Münzeinwurf gekocht. Also warteten wir, bis jemand eher fertig war, sausten zu den noch heißen Platten und brachten es schließlich zu einer schlichten warmen Mahlzeit. Die Leiter mögen uns verzeihen, dass wir via Keller-

Wir sind gut zu
Fuß unterwegs.

fenster flüchteten, wenn der Tau fiel. Wir konnten das Bett nicht zahlen. So lässt sich auch unsere Freude darüber erklären, dass Oma und Opa uns auf Ferienfahrt im Zug in eines der ersten FDGB-Heime mitnahmen.

Aber auch Klassen- und Abiturfahrten fanden schon statt – provisorisch, mit Selbstverpflegung und im herbeiorganisierten Holzvergaserbus, bezahlt mit Zigaretten. Viel Freizeit blieb nicht. Noch immer die Beine unter dem elterlichen Tisch, hatten wir beizutragen, dass der Kochtopf voll wurde. Sie fanden, jugendliche Energie und eventueller Unmut ließen sich wunderbar beim Beackern des uns zugeteilten Landstückchens für den Gemüseanbau nutzen.

Springinsfeld? Selbstversorgung!
Wir packen mit an.

Körper in Hülle, Scham in Fülle

Seinen Körper verhüllte man und sprach nicht weiter darüber. Alles Weitere würde sich ergeben. Und so ergab es sich, dass wir uns mit fünfzehn der Botanik zuwandten und interessiert in Gartenzeitschriften blätterten, um etwas mehr unbedeckte Haut zu sehen. Denn beim Anschauen von Rollfilmen zur Kunstgeschichte mit den Eltern erschallte bei Rubens regelmäßig ein hektisches „Weiterdrehen!" Glücklicherweise gab es noch unsere älteren Geschwister, die uns mit ein paar Hinweisen Einblicke in die Intimsphäre des Menschen gaben. Einfach war eine solche „Entdeckungsreise" nicht, und vor plötzlich auftauchenden Kindern im Bauch waren wir keineswegs gefeit. Außerdem hatten viele von uns die Ängste und manch grausame Situation aus der Zeit des Kriegs und des Kriegsendes in sich aufgenommen. Vielleicht weil unsere Mütter im Krieg zu viel verloren hatten, wollten sie nun von uns partout nicht lassen. Mit 21 volljährig – bis dahin würde sich die Zeit zur Durststrecke dehnen. Der Staat

Frisch verliebt – der Anstand gebietet Zurückhaltung „vor Publikum".

Gefunden – nun wollen wir nicht mehr voneinander lassen.

machte uns im Mai 1950 eine Verkürzung der Wartezeit um drei Jahre zum Geschenk. Wir sehnten uns danach, unabhängig zu sein, ein eigenes Leben zu führen – am liebsten zu zweit. Offiziell sollten dazu die jungen Männer die Initiative ergreifen. Aber das attraktive Mädel auf der Straße anzusprechen, die später „seine" werden sollte, das trauten sich dann doch wenige.

Wir Mädchen halfen nach. Während der täglichen Busfahrt zur Lehrstelle tauschten wir wieder und wieder vorsichtige Blicke mit dem einen sympathischen jungen Mann und näherten uns langsam, langsam unserem Auserwählten an. Das Wetter musste gnädig sein, denn abgeschirmte Orte für jung

Manch wohlgemeinten Rat hören wir gern, aber vor allem wollen wir endlich selber loslegen.

Verliebte gab es wenige. Er wohnte bei einer achtsamen Wirtin, und Mutter war nicht begeistert. Selbstverständlich meinten wir es ernst. Und nach ein, zwei Jahren Probe verkündeten wir unseren Müttern oder unseren Eltern, dass wir uns verloben wollten. Wirklich verbieten ließ sich nun nichts mehr. Also mussten Ringe besorgt werden – ein echtes Problem. Geschwister, die in den Westen geflüchtet waren, halfen mit Edelmetall von dort aus. Oder Mutter übergab ihrem künftigen Schwiegersohn den Ring ihres gefallenen Mannes.

*„5 Tage im Juni"**

Mit den Prägungen der sowjetischen und der westlichen Besatzungsmächte drückten mitten in Deutschland zwei Weltanschauungen gegeneinander. Ihre konträren Interessen hatten zur Existenz zweier deutscher Staaten geführt, deren Entwicklung divergierender nicht hätte verlaufen können. Die Menschen in der DDR ließen ihre Blicke über die Demarkationslinie in Richtung Westen schweifen und sahen deutlich: Im Osten gab es fast nichts zu kaufen. Lebensstandard und Gehälter waren nach dem Krieg kaum gestiegen, die Preise schon. Noch immer wurde der Strom abgeschaltet. Die Zwangskollektivierung demoralisierte die Landbevölkerung.

Während der Marshall-Plan die Wirtschaft im Westen ankurbelte, mühte sich der DDR-Bürger mit der Errichtung der Grundlagen des Sozialismus ab. Die Last der noch immer zu erbringenden Reparationsleistungen und die Kosten des Armee-Aufbaus sollten wiederholt durch Normerhöhungen bei gleicher Entlohnung abgefangen werden. Kein Wunder, dass die Lebensmittel- und Konsumgüterproduktion nicht auf die Beine kam. Nachdem im Mai 1953 eine erneute Anhebung des Leistungssolls von zehn Prozent verkündet worden war, machten zuerst die Ostberliner Bauarbeiter ihrem Unmut mit einer Arbeitsniederlegung Luft. Für den kommenden Tag wurde zum Generalstreik aufgerufen. Das kurz zuvor seitens der Regierung verkündete Umschwenken auf eine Politik „Neuen Kurses" half nicht mehr. Am 17. Juni lief eine Welle von Protesten und Streiks durch mehrere DDR-Städte, in denen die Menschen freie Wahlen, Butter statt Waffen, Preissenkungen und bessere Lebensbedingungen, sogar den Rücktritt der Regierung und die Auflösung der Armee forderten. Ein „Putschversuch kapitalistischer Provokateure"? Ein „Volksaufstand"? Welcher Seite sollten die Menschen glauben? Noch am selben Tag wurde der Ausnahmezustand verhängt. Sowjetische Panzer thronten am Bordstein. Tausende Festnahmen, einige Dutzend Tote und Hinrichtungen führten dazu, dass der „Aufstand des 17. Juni" zwar schnell beendet wurde, die Zahl der Flüchtenden aus der DDR jedoch wuchs.

*Titel eines Romans von Stefan Heym

Getrennte Lebenswege

Zum Abiturabschluss mussten plötzlich alle Blauhemd tragen. Wer sich weigerte, wurde von der Prüfung ausgeschlossen. Manch einer lieh sich die Couture kurzerhand aus. Für Studienbewerber nahm der Druck dann spürbar zu. Dass unsere Eltern eine Firma geführt, oder wir vormals in der elterlichen Gaststube ausgeholfen hatten, konnte uns im Arbeiter- und Bauernstaat hinderlich werden. Mit „kapitalistischer" Vergangenheit, einem der proletarisierenden Tendenz abweichenden familiären Hintergrund oder fehlender FDJ-Mitgliedschaft wurde der Schritt auf die Universität schwer. Also stiegen die Mitgliederzahlen, oder die Betroffenen unter uns begannen – was blieb ihnen anderes übrig – trotz Abitur nach der Oberstufe eine Lehre. Noch einen Ausweg gab es. Den über die Grenze. Besonders nach den Sommerferien sahen wir deutlich, dass es Zweifel gab an der Entwicklung in der DDR: Schulbänke blieben leer. Nach dem 17. Juni 1953 fehlten noch ein paar mehr. Anwesenheitskontrollen folgten. Standen wir an einem Kreuzweg? Trennten sich nun Lebenswege? Manch älterer Bruder oder manch ältere Schwester war in die Bundesrepublik gegangen, manche Eltern saßen auf gepackten Koffern. Viele von uns aber wollten nicht weg. Unsere engsten Freunde waren hier. Vielleicht zeigten auch die propagierten Bilder vom „aggressiven Westen", wo „die Nazis" in gehobenen Positionen geblieben waren, Wirkung. Was sollten wir dort? Wir würden hierbleiben, obwohl die beruhigende Stimme im Ohr, die ehemals gesagt hatte „Lass dich nicht verrückt machen, es dauert nicht mehr lange, dann sind wir wieder vereint", langsam verstummt war. Dies war schließlich unser Heimatort und hier würden wir etwas Neues aufbauen. Im Schwierigkeiten-Überwinden hatten wir Erfahrung. Und das ganze Leben mit so vielen Möglichkeiten und Veränderungen lag vor uns.